HEYNE
BÜCHER

D0988497

HEYNE KOCHBÜCHER

Eine Auswahl lieferbarer
HEYNE-KOCH- UND -GETRÄNKEBÜCHER
in der PRAKTISCHEN REIHE
finden Sie auf den letzten Seiten dieses Bandes

EVA EXNER

KOCHEN MIT MILCH, QUARK UND JOGHURT

350 Rezepte aus der Milchküche
Raffiniertes für Feinschmecker — leichte Kost für Autofahrer,
für Gesundheit, Schönheit und Schlankheit

Mit ausführlichem Register

Originalausgabe

WILHELM HEYNE VERLAG
MÜNCHEN

HEYNE-BUCH Nr. 07/4082
im Wilhelm Heyne Verlag, München

16. Auflage

ISBN 3-453-40058-5

Inhalt

Abkürzungen und Erläuterungen:

EL = Eßlöffel
TL = Teelöffel
Msp = Messerspitze
Pr = Prise

Die Rezepte der Frühstücksgetränke sind für 2 Personen, die übrigen Rezepte, soweit nicht eigens angegeben, für 4 Personen berechnet.

Vorwort

Milch ist unsere erste Nahrung. Mit ihr gibt uns die Natur in der vom Körper am leichtesten zu verarbeitenden Form das Beste, was sie zu bieten hat: alle lebensnotwendigen Säuren, Mineralstoffe und Vitamine sind darin in Fülle vorhanden, dazu der bekömmliche Milchzucker, hochwertige Fette und Eiweiß.

Doch so freudig der Säugling sein Fläschchen begrüßt, so wenig schätzt der Erwachsene meist den Geschmack der Milch. Durch alle Jahrhunderte spielte sie nie eine wesentliche Rolle in der guten Küche. Wir finden sie kaum je in den Rezepten des Altmeisters des guten Geschmacks Brillat-Savarin, und Fürst Pückler, der klassische Feinschmecker der Deutschen, verwendete sie nur für das berühmte Eis, das seinen Namen trägt.

Bis man in unseren Tagen in Amerika und in Skandinavien entdeckte, daß Milch, nur wenig aufbereitet, eine wahre Delikatesse ist. Dazu eine echte Medizin, ein Schönheits- und Schlankheitswundermittel in einem.

Und auf einmal besann man sich, daß dort drunten auf dem Balkan, wo die meisten Hundertjährigen der Welt leben, schon seit eh und je eine vergorene Abart der Milch, der Joghurt, aus der Ernährung nicht wegzudenken ist. Obwohl inzwischen von den Ernährungswissenschaftlern nachgewiesen wurde, daß gerade dieser Joghurt nicht unwesentlich zur Langlebigkeit der Balkanesen beiträgt, konnte er bei uns bisher nur wenige Freunde finden. Gewiß, man ißt ihn der Gesundheit zuliebe. Doch, wer schätzt ihn schon als Leckerbissen?

Daß Milch und Buttermilch, Sahne, Quark und Joghurt, richtig serviert, aus der modernen Feinschmeckerküche nicht mehr wegzudenken sind, möchten wir Ihnen mit diesem Rezeptbüchlein beweisen.

Übrigens ist es ausgesprochen modisch und schick, die

Gäste zur Milchbar zu bitten. Deshalb empfehlen wir,
Freundschaft mit Milch und ihren ›Verwandten‹ an einem
stimmungsvollen Abend zu schließen. Ihr wohlgefüllter
Barschrank hilft Ihnen dabei.

Haben Sie also dieses Kochbuch nur zufällig in die Hand
bekommen und müssen erst zum ›Milchfreund‹ werden, so
beginnen Sie mit dem letzten Kapitel. Schlemmen Sie sich
durch alle Seiten bis zur ersten und wieder zurück – schlemmen Sie sich gesund und schlank!

Worin liegt nun die Zauberheilkraft der Milch?

Zuerst einmal in ihrem Gehalt an wertvollem Eiweiß, das
dem in Kartoffeln, Brot und pflanzlichen Nahrungsmitteln
enthaltenen hoch überlegen ist. Milcheiweiß wird vom
menschlichen Körper weitgehend und leicht verwertet und
in Energie verwandelt. Und das bedeutet: es gibt Kraft,
ohne sich als lästiges Fett festzusetzen.

Diese Milch-Eiweiß-Bausteine nun enthalten, wie die Che-
miker versichern, die unbedingt lebensnotwendigen Ami-
nosäuren, deren Fehlen in der Ernährung Wachstumsstö-
rungen, Zeugungsunfähigkeit, Muskelschwäche, Blutar-
mut, Übelkeit, Kopfschmerzen, Schwindelgefühl und Men-
struationsstörungen bewirken. Besonders die Glutaminsäure, in der Milch reichlich vertreten, ist ein wahrer Arzt:
sie ist am Stoffwechsel des Gehirns und des gesamten Ner-
vensystems in erheblichem Maße beteiligt – in so hohem
Maße, daß sogar die Intelligenz damit beeinflußt werden
kann. Dazu hilft Glutaminsäure, giftige Stoffwechsel-
schlacken aus dem Körper zu entfernen.

Außerdem nehmen Sie mit ca. dreiviertel Liter Milch pro
Tag genügend Histidin, Tryptophan und Lysin zu sich, um
die fortwährende Neubildung des Blutes, gesunde Haare,
Zähne und Haut zu sichern.

Milch ist also der ideale Lieferant aller wichtigen Säuren,
die Spannkraft und Leistungsfähigkeit erhöhen, die Verbrennungsvorgänge im Organismus steigern und entgiften,
und enthält alle Vitamine.

Wußten Sie übrigens schon, daß Milch auch die Magensaft-

sekretion anregt? Daß Sie also, wenn der Mahlzeit in ir-
gendeiner Form Milch zugegeben wurde, wesentlich besser
verdauen – und damit natürlich schlank bleiben?

Milch für Gesunde

Vorbeugend sollte eben die Milch an keinem Tag in Ihrer
Nahrung fehlen. Bauen Sie sie also täglich in den Küchen-
zettel ein.
Verfeinern Sie Saucen und Gemüse, Fleisch und Fisch damit, reichen Sie häufig milchhaltige Desserts, Kuchen und
natürlich Mixgetränke. Besonders Kinder und Jugendliche
sollten die Milch als wertvollsten Kalziumträger für das
Wachstum, gute Zähne und zur Kräftigung des Knochen-
gerüsts in größeren Mengen und regelmäßig zu sich nehmen. Auf die gesundheitliche Bedeutung von Milch und
Milcherzeugnissen für Schwangere und stillende Mütter
braucht wohl nicht extra hingewiesen zu werden.
Und nun wollen wir zu unserem Thema einen Sportarzt
zitieren: »Welche Sportart wir auch immer im Auge haben,
eine Nahrung, die in kleinen Mengen alles Nötige, aber
nichts Unnötiges enthält, ist wichtig für eine Hochleistung.
Und von hier aus gesehen, stellt Milch ein geradezu idea-
les Nahrungsmittel dar.«
Für den alternden Menschen kann die Bedeutung der Milch
gar nicht überschätzt werden. Er braucht eine leichtver-
dauliche, sehr eiweißreiche Nahrung. Seine Ernährung muß
dem verminderten Kalorienbedarf angepaßt und besonders
mineralstoffhaltig sein. Alle diese Voraussetzungen nun
erfüllt die Milch mehr als jedes andere Nahrungsmittel.
Noch ein Wort zur bulgarischen Wunder-Speise, zum Joghurt: Die Bakterien im Joghurt sind die kräftigsten Milch-
säurebilder. Sie widerstehen der Magensäure und gelangen
lebendig in den Darm. Dort verdrängen sie die fäulnis- und

giftstoffbildenden Darmbakterien und führen auch bei Zivilisationsschäden, wie der so sehr verbreiteten Verstopfung, allmählich wieder eine geregelte Darmfunktion herbei. Regelmäßig über mehrere Monate genommen, bewirkt Joghurt eine geradezu ideale Reinigung des Darmes und damit des ganzen Körpers auf natürliche Weise.

Joghurt zum Selbermachen

Übrigens können Sie das leider nicht gerade billige *Joghurt gut selbst herstellen:* kühlen Sie ca. $1/2$ l abgekochte Milch auf ungefähr 50 Grad ab und rühren Sie dann 30 ccm frisches Joghurt darunter. Gießen Sie die Mischung sofort in eine Thermosflasche und verschließen sie gut. Nach 3–4 Stunden wird das fertige Joghurt ausgegossen und abgekühlt aufbewahrt. Innerhalb von ca. 3 Tagen kann mit einer kleinen Menge dieses Hausmacher-Joghurts wieder Milch geimpft werden. Diese Bakterienfortpflanzung stoppt jedoch nach ungefähr einem Monat. Dann brauchen Sie zur Milch-Impfung wieder gekauftes Joghurt.

Nun wünschen wir gutes Gelingen in der Milch-Küche! Variieren Sie bitte unsere Rezepte nach Ihrem Geschmack. Natürlich dürfen Sie Ihrem Geldbeutel und Ihrer schlanken Linie zuliebe beinahe immer statt saurer Sahne Joghurt oder Buttermilch, statt Sahnequark Magerquark verwenden.

Milchdiäten

Nach den Jahren, in denen die Chemie in der Medizin ihre Triumphe feierte, besinnt man sich wieder immer mehr auf die ›Hausapotheke Natur‹. Eines ihrer wirksamsten Mittel, nicht nur zur Gesunderhaltung, sondern auch zur Heilung, ist nun unsere gute, alte Milch.

So wird die *Karellsche Milchkur*, bei der die tägliche Nahrungsmenge ausschließlich aus ca. einem Liter Milch besteht, bei Herzkrankheiten, Schrumpfniere, chronischen Nierenentzündungen und zu hohem Blutdruck mit viel Erfolg angewandt.

Ist der Zucker in der Milch in Säure gewandelt, die Milch also zu Joghurt geworden, dann verwendet sie der Arzt gern gegen *Zuckerkrankheit*.

Eine sogenannte *Schaukel-Diät*, bei der im Wechsel alkalisierende Frischmilch und säuernde Milchprodukte wie Buttermilch, Joghurt, Sahne, Butter und Käse konsumiert werden, verordnet man bei Nieren- und Blasenleiden und bei Allergien (einer Überempfindlichkeit, die zu Heuschnupfen, Ekzemen, Asthma und Durchfällen führen kann).

Ausgesprochene *Entwässerungskuren* können bis zu zwei Kilo Gewichtsverlust pro Tag führen. An diesen Tagen dürfen Sie im Durchschnitt eineinhalb Liter Milch, einhalb Liter saure Milch, 100 bis 200 g Quark und 0,2 Liter Sahne zu sich nehmen.

Eiweißreiche Diäten nach Wundschocks, ausgedehnten Verbrennungen und chronischen Lebererkrankungen werden ebenfalls meist mit Milch und Milcherzeugnissen durchgeführt.

Für eine *Schlankheitskur* haben die Ärzte folgende Faust-
regel aufgestellt: pro Kilo Soll-Körpergewicht dürfen am
Milchtag, der einmal in jeder Woche eingelegt wird, 25 ccm
Milch genommen werden. Dadurch erhält der Körper genügend Vitamine und Eiweiß, wobei das Eiweiß noch die
Verbrennungsvorgänge steigert und die Gewichtsabnahme
begünstigt. Die Mineralstoffe in der Milch bewirken gleich-
zeitig eine Entwässerung.

Auch bei *Magenschon-Diäten* greift man gern auf die Milch
zurück, die, wenn der Darm in Mitleidenschaft gezogen ist,
mit Joghurt abwechselnd gegeben wird.

Die *Boyden-Diät* wird häufig bei Leber- und Galle-Erkran-
kungen angewandt. Hier verabreicht man frische Sahne,
mit Eigelb geschlagen. Ein anderes Mittel bei Leberschaden:
Milch mit Sprudelwasser verdünnt und mit Bienenhonig
gesüßt.

Bei leichten Herzschäden ist die *Heupke*-Kur ideal. Hier
wird die normale Ernährung zweimal wöchentlich von
Obst- und Milchtagen unterbrochen.

Joghurtkuren dagegen wirken Wunder bei allen Darm-
schäden. Sie normalisieren die Darmflora und hemmen die
Fäulnisbakterien.

Bitte, sprechen Sie aber vor Anwendung einer dieser Kuren
mit Ihrem Arzt, ob sie in Ihrem speziellen Fall anzuraten
ist.

Zur äußeren Kosmetik

Seit man im alten Rom in Eselsmilch badete, schätzt man Gesichtsbäder in Milch oder Buttermilch als hervorragendes Mittel zur Verschönerung der Haut. Es genügt auch, das Gesicht mit einem in Milch getränkten Wattebausch regelmäßig zu betupfen.

Die für ihren schönen Teint bekannten Schwedinnen entdeckten den Quark als *Gesichtsmaske*. Sie verrühren etwa 3 Eßlöffel Quark mit einem Eßlöffel normaler Nährcreme und streichen das aufs Gesicht. Diese Maske erfrischt, nährt und reinigt. Sie darf auch bei empfindlicher Haut wöchentlich angewandt werden.

Wird Quark mit einem adstringierenden (die Haut zusammenziehenden) Gesichtswasser, das im Programm jeder Markenkosmetikfirma enthalten ist, verrührt und als Maske aufgetragen, können damit geplatzte Äderchen und zu große Poren wirkungsvoll bekämpft werden.

Zwei Erdbeeren mit zwei Teelöffel Schlagsahne verrührt, geben eine billige Gesichtsmaske gegen trockene Haut.

Verrühren Sie Milch mit Eidotter und einer Pellkartoffel zu einem dicken Brei. Erhitzen Sie die Masse im Wasserbad und tragen Sie sie so heiß, wie Sie es vertragen können, auf das Gesicht auf. Das glättet welke Haut und verjüngt sie.

Bei allen diesen Masken sollten Sie darauf achten, daß Augen, Lippen und Mundwinkel besonders reichlich bedeckt sind. Sie dürfen ca. 20 Minuten auf Ihre Haut einwirken und werden dann mit einem in Milch getränkten Wattebausch sorgfältig abgewaschen.

Sie sehen also, auch im Badezimmer ist Milch für Ihre Schönheit unentbehrlich. Darum: sehen Sie in diesem Kochbuch auch Ihr Schönheitsbuch!

Wir wünschen Ihnen viel Freude an der Lektüre, guten Appetit bei allen ausprobierten Rezepten und guten Erfolg für Ihre Schönheit!

Frühstück

Frühstücks-Getränke

Es muß nicht immer dunkler Filterkaffee sein oder duften-
der Tee, in dem ›der Löffel stecken bleibt‹, um den neuen
Tag zu begrüßen! Es ist nur Gewohnheitssache, wenn Sie
glauben, nur damit richtig munter zu werden.

Geben Sie es sich selbst gegenüber ruhig zu: eine kalte
Dusche vor dem Frühstück macht ebenso frisch – und dazu
noch schöner! Darum, mixen Sie zum Tagesbeginn mit
Milch und unseren folgenden Rezepten.

Übrigens: brühen Sie einmal Ihre Kaffee- oder Tee-Lieb-
lingssorte mit kochender Milch statt mit Wasser auf! Oder
mischen Sie den Kaffee zu gleichen Teilen mit Kakao! So
haben Sie den Geschmack Ihres Leib- und Magengetränkes
mit den Vorzügen Ihres neuen Schönheitsmittels Milch
kombiniert.

*Alle Frühstücks-Rezepte sind für nur zwei Personen be-
rechnet, da ja während der Woche leider viel zu selten die
ganze Familie zusammen die erste Mahlzeit einnehmen
kann.*

Schokolade Stephansdom

$1/2$ l Milch, 100 g geriebene Schokolade, 1 Päckchen Vanillezucker, 1 Pr Zimt, etwas geschlagene Sahne zum
Garnieren

Milch bis vor dem Kochen erhitzen, Schokolade unterrühren, ebenso Vanillezucker. Kochendheiß oder eisgekühlt in hohen Gläsern servieren, mit Sahne garnieren und
mit Zimt bestäuben.

Mandelmilch Kreta

1/2 l Milch, 100 g Zucker, 4 EL geriebene Mandeln, 2 geriebene bittere Mandeln

Zusammen gut durchkochen und dann erkalten lassen. Die
Mandelmilch muß gut durchziehen und kann dann noch
einmal erhitzt oder eisgekühlt serviert werden.

Shake Florida

Saft von Orangen und 1 Grapefruit, 4 EL Honig, 1/4 l
Joghurt, 1 EL geriebene Mandeln, viele Eiswürfel

Gut schütteln, mit Strohhalm servieren. – Evtl. mit 1 Spritzer Cognac pro Portion würzen.

Apfelsinen-Möhren-Milch

1 Tasse frischgepreßter Apfelsinensaft, 1 Tasse frischgepreßter Möhrensaft, 2 Glas Milch, 3 EL Zucker

Gut mixen, sofort servieren.

Airjan

(das ›klassische‹ Erfrischungsgetränk des Balkans)

1/2 l Joghurt, 1/2 l Wasser (oder Mineralwasser), Eiswürfel

Joghurt und Wasser sehr gut mixen, mit Eiswürfeln servieren.

Cocktail Miß Dior

1/2 Glas Joghurt, 2 Tassen Sauerkrautsaft

Gut mixen, kalt stellen, mit geriebener Muskatblüte bestreut servieren. Evtl. 1 kleines Glas Cognac unterrühren. – Das ist eine Freude für den Darm – mehr als für die Zunge. Aber wenn Sie sich erst an den aparten Geschmack gewöhnt haben, dann schmeckt's sogar!

Quer durch den Garten

1/4 l Joghurt, 1/4 l Mineralwasser, 1/4 l Gin, 1 großes Bündel Petersilie, 2 Karotten, 1 Apfel, 2 Apfelsinen, etwas Sellerie, ca. 100 g Spinat, 1 Msp Salz, etwas Suppenwürze, 1/2 TL Senf, 1 Zitrone

Petersilie, Karotten, Apfel, Sellerie und Spinat im Mixer entsaften. Apfelsinen dazupressen. Den Saft mit Joghurt, Mineralwasser und Gin gut mixen, mit Salz, Suppenwürze und Senf würzen. – Auf jeden Glasrand eine Zitronenscheibe stecken.

Amerikanischer Kaffee

1/8 l Sahne, 1/8 l schwarzer Kaffee, 1/8 l Cola

Kaffee und Sahne verrühren, Cola dazugießen. Entweder noch einmal erhitzen oder eiskalt werden lassen.

Drink Schönheitsfarm

1/4 l Buttermilch, 1/4 l roter Traubensaft, 1 Eigelb, Portion für 5 Pf Backhefe

Mixen, in hohe Gläser füllen und mit Bananenscheiben belegen.

Ananasmilch

¹/₄ l Milch, 6 EL Ananas-Saft, 1 kleiner Spritzer Cognac,
1 Msp Ingwerpulver

Gut vermischen, mit Ingwerpulver bestreut kalt servieren.

Das macht schön

¹/₈ l Orangen- oder Grapefruitsaft, ¹/₈ l Tomatensaft, ¹/₈ l
Buttermilch, 2 Glas Cognac, 2 EL Traubenzucker, Salz,
Pfeffer, geriebene Muskatnuß

Gut mixen, mit Eiswürfeln servieren.

Shake Morgenrot

¹/₄ l Milch, ¹/₈ l Johannisbeersaft, 1 EL Honig, 1 EL Sand-
dornsaft, 2 Eiswürfel

Gut mixen, evtl. mit 1 EL Schmelz-Haferflocken oder Wei-
zenkeimflocken anreichern.

... und anderes Feine zum Tagesstart

Nichts gegen das knusprige, herrlich frische Frühstücksbrötchen! Aber auch Müsli und verschiedene andere Mor-
genfreuden, die wir Ihnen hier vorstellen möchten, sind
wirklich nicht zu verachten.
Probieren Sie, auch wenn die Rezepte anfangs ungewohnt
klingen. Und auch, wenn die Zubereitung etwas Arbeit
macht.

Es ist eine alteingewurzelte Fehlmeinung, daß man morgens wie ein König essen dürfe, ohne damit der Gesundheit und der schlanken Linie zu schaden. Die neuesten Er-
kenntnisse der Ernährungswissenschaft beweisen, daß
Kalorien eben als Kalorien zu Buche – hier: zur Waage –
schlagen, ob wir sie morgens oder abends zu uns nehmen.

Übrigens werden Sie im Gegensatz zum geliebten, geprie-
senen guten alten Frühstücksbrötchen mit unseren ›Aus-
dem-Bett-Hupferln‹ spielend bis zum Mittagessen satt
sein!
Sollten Sie nicht durchhalten: mit einem Glas kalter Milch
zwischendurch gelingt's bestimmt!

Susannes Morgenfreude

1/8 l Milch, 1/8 l Apfelsaft, 1 EL Honig, Saft von 1/2 Zitrone, 2 EL Schmelz-Haferflocken

Gut mixen. Schmeckt besonders Kindern im Sommer als
Frühstücks-Trunk ausgezeichnet.

Jaffa-Frühstück

1/2 l Joghurt, 2 EL Honig, 2 EL brauner Zucker, 1/2 Pampelmuse, 2 EL Weizenkeime, Cocktailkirschen

Pampelmusenfleisch grob würfeln, mit Zucker überstreuen.
Honig und Joghurt und Weizenkeimen vermischt darüber-
geben. Mit ein paar Cocktailkirschen verzieren. Evtl. einen
Spritzer Angostura darübergeben.

Startschuß

¼ l Joghurt, 1 große Orange, 2 EL Honig, 1 EL brauner
Zucker, 1 großer Apfel, 4 EL Cornflakes

Die Hälfte der Orange auspressen, mit Zucker, Honig und
Joghurt verrühren. Apfel reiben, den Rest der Orange
kleinwürfeln, daruntergeben. Kurz vor dem Essen die
Cornflakes einrühren.

Süßer Morgengruß

½ l Joghurt, 1 Päckchen Vanillezucker, 2 Bananen, 1 Zitrone, 4 EL Zucker, 2 EL geriebene Nüsse, 4 EL Leinsamen, etwas Zimt und Koriander

Joghurt mit Vanillezucker, Zitronensaft, Zucker und Nüssen gut verrühren. In Scheiben geschnittene Bananen und
Leinsamen dazugeben, mit Zimt und Koriander würzen.

Schönheitsfrühstück Dorothee

½ l Joghurt, 2 EL brauner Zucker, 3 EL Honig, 4 EL un-
geschwefelte Rosinen, Saft von 1 Zitrone, 8 EL Weizenkeime

Kurz vor dem Anrichten alle Zutaten gut mischen. – Evtl.
mit ein paar Tropfen Alkoholischem der Sache Pfiff geben.
Nehmen Sie dazu eine gute Tasse Kaffee, das hält vor!

Tomätchen

¼ l Tomatensaft, ¼ l Buttermilch, je 1 Msp Salz und
Zucker, etwas Worcestershiresauce, gehackte Petersilie,
geriebene Muskatnuß, 2 EL Schmelz-Haferflocken

Alles gut mixen, kalt servieren.

Bulgarenfrühstück
(besonders für heiße Tage)

4 EL Honig, ¹/₂ l Joghurt, 8 EL Honigflocken, 2 Tassen
frischgepreßter Fruchtsaft, 2 TL Vanillezucker

Joghurt mit Honig und Fruchtsaft gut mixen. Mit Honigflocken und Vanillezucker bestreuen.

Original englisches Porridge

¹/₂ l Wasser, 100 g Haferflocken, 1 Pr Salz, ¹/₄ l Milch,
¹/₄ l Sahne

Haferflocken im Salzwasser ca. 5 Minuten kochen lassen.
Im Teller mit Milch-Sahne-Gemisch übergießen.

Kneipp-Müsli

2 Äpfel, ¹/₄ l Milch, 150 g Sahnequark, 4 EL Honig, 1 EL
Zitronensaft, 1 EL geriebene Nüsse, 2 EL Haferflocken,
2 EL gemahlener Leinsamen

Äpfel grob stifteln und mit dem Zitronensaft übergießen.
Quark mit Milch, Honig und Nüssen gut verrühren, evtl.
mit etwas Zucker nachsüßen. Haferflocken und Leinsamen
mischen, mit den Äpfeln in den Quark rühren. Dieses
Frühstück fördert die Verdauung!

Bircher-Benner-Müsli

¹/₂ Tasse Haferflocken, ¹/₂ Tasse Weizen-Vollkornflok-
ken, ¹/₂ l Milch, 4 EL gehackte Nüsse, 125 g Dörrobst

Flocken in der Milch 12 Stunden zugedeckt einweichen.
Dörrobst (es soll 24 Stunden eingeweicht sein) durch den
Wolf oder Mixer drehen, vermischen und mit geriebenen
Nüssen bestreut sofort servieren.

Preiselchen

6 EL Preiselbeerkompott, Saft von 1/2 Zitrone, 2 EL
kernige Haferflocken, 1 Päckchen Vanillezucker, 1/2 l
Milch

Preiselbeeren in den Teller geben und gut mit Zitronensaft,
dem Vanillezucker und den Haferflocken verrühren. Kalte
Milch daraufgießen.

Frucht-Müsli

1/2 l Milch, 4 EL Honig, 1 Päckchen Vanillezucker, 12 EL
Haferflocken, 2 EL Weizenkeime, 1 EL Leinsamen, 3 Bananen, Saft von 2 Apfelsinen

Bananen in Scheiben schneiden, mit Orangensaft über-
gießen und mit Vanillezucker bestreuen. Weizenkeime,
Leinsamen und Haferflocken vermischen, darübergeben.
Milch mit Honig abquirlen und sehr kalt dazugießen.

Milchsuppe

(wie in Kindertagen)

1/2 l Milch, 1/2 Päckchen Sahnepudding-Pulver, 1 Päckchen
Vanillezucker, 5 EL Zucker, 5 EL Rosinen, 2 Eier

Kochende Milch mit dem Puddingpulver und 3 EL Zucker
binden. In die heiße, aber nicht mehr kochende Suppe die
Rosinen und das Eigelb einrühren. Von dem mit dem Eiweiß geschlagenen restlichen Zucker mit dem Teelöffel
Klößchen abstechen und ca. 10 Minuten mitziehen lassen.
(Besonders Männer sind für solche Erinnerungs-Speisen an
die Kinderzeit empfänglich!)

Milchsuppe mit Sago

2 EL Sago, 1/2 l Milch, Zitronenschale, Zimt, 4 EL Zucker,
1 Päckchen Vanillezucker, Eigelb

Gut gewaschenen Sago in Milch und Zitronenschale weich-
quellen lassen, zuckern. Milchsuppe mit Vanillezucker und
Zimt abschmecken, Eigelb unterquirlen. – Die Suppe kann
entweder heiß oder eisgekühlt serviert werden.

Goldener Mandarin

1 kleine Dose eingemachte Mandarinen, 2 frische Mandarinen, Saft von 1/2 Zitrone, 2 EL Honig, 2 Eigelb, 2 EL
Zucker, 1/2 l Buttermilch

Eingemachte Mandarinen zerpflücken, mit Zucker bestreuen. Buttermilch mit Honig, Zitronensaft und Eigelb
gut verrühren, darübergeben. Mit den frischen Manda-
rinenschnitzen garnieren.

Junikäfer

250 g Erdbeeren, 3 EL Naturzucker, 125 g Makronen-
plätzchen, 1/2 l Milch

Erdbeeren mit der Gabel zerdrücken, mit Naturzucker
bestreuen. Mandelmakronen darauf zerkrümeln, mit kalter
Milch übergießen, gleich servieren.

Morgenrot

1/2 l Milch, 3 EL Zucker, 2 EL geriebene Mandeln, darunter eine bittere, 1 Päckchen Vanillezucker, 1 Stückchen Zitronenschale, 1 Päckchen rote Gelatine

Milch mit Zucker, Mandeln, Vanillezucker und Zitronenschale kochen, Gelatine nach Gebrauchsanweisung unterrühren.
Kalte Speise mit *Preiselbeeren* oder anderem kräftig schmeckenden Kompott reichen.

Sagospeise Pfarrer Kneipp

3 gestrichene EL Sago, 3 Tassen Wasser, 250 g Sahnequark, 1 Päckchen Vanillezucker, 1 Stück Zitronenschale, 1 EL Nußmus

Am Abend vorher Sago in das kochende Wasser einstreuen und gar kochen. Am Morgen Quark mit Vanillezucker, geriebener Zitronenschale und Nußmus gut schlagen und mit dem Sagobrei verrühren.

Suppen

Einst war die gute, dampfende Suppe der Auftakt, der Paukenschlag zum Beginn jeden guten Essens. Dann, irgendwann, geriet sie plötzlich in den Verruf, dick zu machen.
Doch ganz zu Unrecht. Wie man heute logisch beweist, füllt die Suppe den Magen, ohne so nahrhaft zu sein wie die kompakten Speisen. Daß Milch, Sahne oder Joghurt auch Suppen delikater machen und ihnen den letzten Pfiff geben, das weiß jede erfahrene Hausfrau. Wollen wir diesen Kniff nicht so oft wie nur möglich verwenden?

Unsere Suppenrezepte hier wollen Ihnen beweisen, daß Suppen mit Milch nicht einfach langweilige Milchsuppen sein müssen.
Alle folgenden Rezepte gelten für 4 Personen.

Bulgarische saure Suppe

3 EL möglichst dunkles Mehl, 250 g Rauchfleisch, 1 große Zwiebel, 3 Zehen Knoblauch, 3 EL Öl, 1 Beutel gut eingeweichte Trockenpilze, 3 EL feingewiegter Dill, 1/2 l Joghurt

Mehl in wenig Wasser zu dickem Brei rühren und sauer werden lassen. Nach drei Tagen das Rauchfleisch kochen. Zwiebel und Knoblauch in kleine Würfel schneiden, im Öl dünsten. Pilze kleinschneiden, dazugeben und ca. 15 Minuten schmoren lassen. Sauerteig in einen Topf geben, mit dem Fleischsud aufgießen. Unter ständigem Rühren gut durchkochen. Zwiebel, Knoblauch und Pilze dazugeben. Vor dem Servieren Dill und Joghurt und das geschnittene Fleisch hineinrühren.

Champignoncremesuppe

1 Beutel Champignoncremesuppe, die angegebene
Menge Wasser weniger 1 Tasse, 1/4 l Joghurt, 1 kleine
Dose Champignons, etwas frische Butter, Petersilie

Die Suppe wie angegeben kochen, nur wird ein Teil des
Wassers durch Joghurt ersetzt. Durchs Sieb geben. Champignons in Scheiben schneiden und noch etwas mitziehen
lassen. Vor dem Anrichten etwas frische Butter und Petersilie dazugeben.

Fischsuppe

1 l Fischbrühe, 2 Möhren, 1 Bund Suppengrün, 2 EL
Kresse, 2 EL Butter, Salz, Curry, 1/4 l Milch, 1 EL Mondamin, 1 Brötchen

Durchs Sieb gegebene Fischbrühe zum Kochen bringen.
Alle Kräuter und die Möhren sehr fein gehackt dazugeben,
ca. 20 Minuten kochen lassen. Mit Mondamin binden, mit
Salz und Curry abschmecken, vom Feuer nehmen. Milch
und die frische Butter unterrühren. – Ein Brötchen anrösten, auf die Suppe geben.

Graupensuppe Schönheitsfarm

500 g mageres Rinder-Kochfleisch, ein großer Bund Suppengrün, 125 g Graupen, 1/2 Kopf Blumenkohl, 1 Kalbsniere, 2 EL Butter, Salz, 1 Msp frischgemahlener weißer
Pfeffer, 3 EL gehackte Petersilie, 1 l Buttermilch

Suppenfleisch mit dem Suppengrün in Buttermilch weichdünsten, durchs Sieb geben. Die in feine Streifen geschnittene Kalbsniere schnell in Butter anbraten, mit Salz und
Pfeffer bestäuben, mit der Suppenbrühe aufgießen. Das in
Würfel geschnittene Fleisch dazugeben. Blumenkohlröschen und Graupen in der Suppe weich kochen. Mit Petersilie bestreut servieren.

Erbsensuppe nach Feinschmeckerart

250 g gelbe Trockenbohnen, 1 Bund Suppengrün, 1 l
Buttermilch, 1/4 l Weißwein, Majoran, Bohnenkraut,
Thymian, Salz, 250 g Kartoffeln, 125 g Wurst- und
Schinkenreste, 2 EL gehackte Petersilie, 2 EL Butter,
1 Zwiebel

Erbsen über Nacht einweichen, mit Suppengrün, Bohnenkraut, Majoran und Thymian in der Buttermilch und dem
Weißwein mit wenig Salz kochen. Nach ca. einer Stunde
dünne Kartoffelscheiben dazugeben. Noch ca. 30 Minuten
kochen.
Vor dem Auftragen die streifig geschnittenen Wurst- und
Schinkenreste sowie gehackte Petersilie und die in Butter
goldbraun gebratenen Zwiebelwürfel dazugeben.
Noch einmal mit Salz abschmecken.

Original ungarische Gulaschsuppe

250 g mageres Rindfleisch, 100 g fetter, geräucherter
Speck, 250 g Zwiebeln, 4 Zehen geriebener Knoblauch,
250 g gehäutete Tomaten, 250 g Kartoffeln, 1/2 l Joghurt,
Salz, Zucker, 1 Glas Rotwein, 1 Zitrone, Paprikapulver,
Lorbeerblätter, Kümmel, Thymian

Speck in Würfel schneiden und ausbraten. Das in sehr
kleine Würfel geschnittene Fleisch darin anbraten. Dann
Zwiebeln, Knoblauch, Lorbeerblätter, Kümmel, Thymian
dazugeben. Kartoffeln in dünne Scheiben hineinschneiden,
Tomaten würfeln und mitdünsten. Mit ca. 1 l Wasser aufgießen und leise kochen lassen, bis das Fleisch gar ist. Rotwein und Joghurt dazugeben. Mit Salz, Zucker, Paprika
und dem Abgeriebenen einer halben Zitrone sehr scharf
würzen. Kochendheiß servieren, evtl. noch mit Mondamin
binden.

Indonesische Hühnersuppe

1 Knoblauchzehe, 1 Zwiebel, 1/2 Suppenhuhn, 1 Msp
Ingwer, 1 Bund Suppengrün, 1 Lorbeerblatt, Salz, Pfeffer, 125 g Sago, 1 TL Curry, 1/4 l Joghurt

Huhn mit dem Joghurt und Wasser auffüllen, Zwiebelscheiben, die zerdrückte Knoblauchzehe, Suppengrün und
Gewürze dazugeben und bei kleiner Flamme weich kochen
lassen. Absieben, noch einmal mit Salz abschmecken. Sud
mit Sago und dem kleingeschnittenen, entbeinten Hühnerfleisch noch ca. 1/4 Stunde kochen.

Luzerner Käsesüppli

2 Scheiben Toast, 2 Scheiben Käse, 1/2 l Milch, Salz,
Pfeffer, Suppenwürze, Muskat, gehackte Petersilie, 1
Likörglas Kirschwasser, etwas Butter

Frischgeröstete Toastscheiben mit Kirschwasser tränken,
mit der mit der Petersilie verkneteten Butter bestreichen,
mit Käse belegen. Die kochendheiße Milch mit Salz, Pfeffer,
Muskat und etwas Suppenwürze abschmecken und darübergießen, sofort servieren.

Käsesuppe

3 große Zwiebeln, 3 EL Butter, 3 EL Mondamin, 1/2 l
Milch, 1/2 l Suppenbrühe, Salz, Pfeffer, Paprikapulver,
125 g geriebener Käse, 2 Eigelb, viel gehackte Petersilie

Die feingewürfelten Zwiebeln in Butter hellbraun dünsten. Mit Mondamin binden, mit Suppenbrühe ablöschen.
Langsam dünsten lassen, bis die Zwiebeln weich sind,
dann Milch dazugeben. Mit Salz, Pfeffer und Paprika abschmecken. Geriebenen Käse unterziehen. Bis zum Aufkochen ständig rühren. Mit Eigelb legieren.

Bulgarische kalte Joghurtsuppe

3 Knoblauchzehen, 2 EL Öl, ¹/₂ l Joghurt, je 1 EL gehackter Dill und Petersilie, Salz, 1 EL geriebene Nüsse,
1 frische Salatgurke

Gurke feinhobeln und salzen. Knoblauch, Salz, Joghurt
und die Kräuter gut verrühren, am besten im Mixer quirlen.
Sehr gut kühlen und über die Gurke geben. Mit Nüssen
bestreuen. Dazu gibt es kräftiges Schwarzbrot.

Warschauer kalte Gemüsesuppe

250 g gekochte rote Rüben, 1 kleine Salatgurke, 1 Gewürzgurke, 1 Knoblauchzehe, ³/₄ l Buttermilch, 250 g gekochtes Rindfleisch, Zucker, Salz, 1 Sardellenfilet, 3 EL
gehackte frische Kräuter

Rote Rüben, die Salatgurke und die Gewürzgurke würfeln.
Knoblauchzehe zerdrücken. Buttermilch mit ca. ¹/₄ l Rote-
Rüben-Brühe, Salz und Pfeffer abschmecken, darüber-
gießen. Sehr kalt stellen.
Kurz vor dem Servieren das gewiegte Sardellenfilet, das
gewürfelte Rindfleisch und die Kräuter dazugeben.

Russische kalte Suppe

250 g Bratenreste aller Art, am besten vom Wild, Pökel-
fleisch oder Pökelzunge, 2 harte Eier, 1 frische Salatgurke, 1 Stange Lauch, 4 EL gehackte frische Kräuter,
Suppenwürze, ³/₄ l Buttermilch

Fleischreste in feine Streifen schneiden. Eier würfeln.
Salatgurke dünn hobeln, Lauch in dünne Ringe schneiden.
Alles mit den Kräutern vermischen. Buttermilch mit Suppenwürze abschmecken, darübergeben und gut ziehen
lassen. Eiskalt servieren.

Kressesuppe

1 Bund Kresse, 50 g Butter, 100 g Reis, 1 Eigelb, Salz,
Pfeffer, 1 Likörglas Cognac, ¼ l Joghurt, ½ l Suppenbrühe

Kresse waschen, im Mixer gut zerkleinern. In der Butter
gut andämpfen, mit Suppenbrühe aufgießen, Pfeffer dazugeben, Reis beifügen und ca. 1 Stunde kochen. Mit dem Ei
binden, vom Feuer nehmen, mit Cognac, Joghurt und evtl.
noch Suppenwürze abschmecken.

Ungarische Lammsuppe

500 g Lammrippchen, 1 l Buttermilch, 1 großer Bund
Suppengrün, 1 Tasse vorgekochter Reis, Salz, Pfeffer,
1 EL Tomatenmark, 1 EL Zitronensaft, 1 EL gehackte
Petersilie, 1 EL gehackter Dill, 2 Zehen Knoblauch

Fleisch mit dem Suppengrün in Buttermilch weich kochen.
Dann abgießen und Fleisch von den Knochen lösen. Das
Fleisch schneiden und in die Brühe zurückgeben. Reis dazugießen, mit Salz, Pfeffer, Tomatenmark und Zitronensaft
abschmecken. Vor dem Anrichten Dill, Petersilie und die
feingeschnittenen Knoblauchzehen dazugeben.

Sizilianische Sellerie-Minestrone

1 Knolle Sellerie, 200 g Reis, 1 l Buttermilch, 1 EL gehackte Petersilie, Piment, Salbei, Thymian, 400 g Rindfleisch, Salz, Suppenwürze, 125 g geriebener Käse

Rindfleisch in der gesalzenen Buttermilch mit den Kräutern
und Gewürzen halbweich sieden. Den gestiftelten, gekochten Sellerie dazugeben, gar kochen. Rindfleisch in Würfel
schneiden und wieder in die Suppe geben. Minestrone mit
Suppenwürze noch einmal abschmecken, mit geriebenem
Käse bestreut servieren.

Nierensuppe

1 Kalbsniere, 1 l Fleisch- oder Würfelbrühe, 2 Zwiebeln,
2 EL Margarine oder Butter, 2 EL Mehl, $^3/_8$ l Joghurt,
1 Lorbeerblatt, Salz, Pfeffer, 1 Schuß Cognac

Niere aufschneiden, Harngänge entfernen, in warmes
Essigwasser legen, dann in kaltes Wasser. Abtropfen
lassen und in Streifen schneiden. Ca. $^1/_2$ Stunde weich
kochen. – 2 Zwiebeln im Fett gelb rösten, unter Rühren
Joghurt zugießen, mit dem Mehl binden, mit der Brühe
auffüllen und alles zusammen noch 10 Minuten durchkochen lassen. Vor dem Servieren Cognac beifügen.

Pilzsuppe

500 g Pilze, 1 große Zwiebel, 1 EL Butter, 1 EL Stärkemehl, $^1/_4$ l Sahne, Salz, frischgeriebener Pfeffer, 1 Eigelb,
2 EL gehackte Petersilie

Pilze putzen und mit der gewürfelten Zwiebel in der Butter
anbraten. Mit Würfelbrühe aufgießen und weich dünsten.
Alles durch den Mixer geben. Noch einmal kurz aufkochen,
mit dem in der Hälfte der Sahne angerührten Eigelb und
Stärkemehl binden. Würzen. Den Rest der Sahne mit der
Petersilie und etwas Salz steif schlagen. Auf jede Portion
ein Sahnehäubchen geben.

Spinatsuppe, balkanesisch

1 große Zwiebel, 2 Zehen Knoblauch, 2 EL Öl, 2 EL Tomatenmark, 1 Tasse Reis, 250 g Spinat, Salz, Pfeffer, 1 l
Buttermilch, 2 EL Zitronensaft, 1 EL gehackter Dill, 2 Eier

Spinat in der Buttermilch mit den zerkleinerten Knoblauchzehen weich kochen. Abseihen und grob hacken. Zwiebel-
ringe im Öl hellgelb dünsten. Spinat, vorgekochten Reis,
Tomatenmark und Dill zugeben, mit der Buttermilch-
Spinat-Brühe auffüllen und weiterkochen. Mit Salz, Pfeffer und Zitronensaft abschmecken, mit Eiern legieren.

Spargelsuppe

500 g Spargel, 1 Eigelb, 2 EL Butter, 2 EL Stärkemehl,
1/8 l Weißwein, 1 EL gehackte Petersilie, 1/4 l saure Sahne

Spargel waschen, putzen und in Stücke schneiden, weich
kochen. Die Suppe unter ständigem Rühren mit Mondamin und Eigelb binden, vom Feuer nehmen, saure Sahne,
Butter, Petersilie und Weißwein darunterrühren.

Tomatensuppe

1 große Zwiebel, 1 Dose Tomatenmark, 1 EL gewiegter
Kerbel, 1 EL gewiegte Petersilie, Tomatenketchup, Maggiwürze, Curry, Salz, 1/4 l saure Sahne, 3 EL Butter, 1 Brötchen, 1 l Wasser, 1—2 EL Stärkemehl

Zwiebel in grobe Würfel schneiden, in Butter gelb werden
lassen, mit Wasser aufgießen. Tomatenmark, Kerbel,
Petersilie dazugeben. Mit Tomatenketchup, Maggiwürze,
Salz und Curry abschmecken, ca. 10 Minuten durchkochen.
Durchs Sieb geben. Mit Stärkemehl binden, vom Feuer
nehmen. Saure Sahne und 1 EL frische Butter darunterrühren. – Mit gerösteten Brötchenwürfeln servieren.

Zwiebelsuppe

2 dicke Zwiebeln, 3 EL Butter oder Margarine, Salz,
Pfeffer, 1 Stengel Beifuß, 1 EL Petersilie, 1 EL Estragon,
1 Eidotter, 100 g geriebener Käse, 1/4 l Joghurt, ca. 1 l
Wasser, 2 EL Stärkemehl — 1 Brötchen, etwas Butter

Zwiebeln reiben, in der Butter anbräunen. Mit Wasser und
Joghurt aufgießen, salzen, pfeffern, ca. 10 Minuten zusammen mit Beifuß und Estragon kochen lassen. Vom
Feuer nehmen und durchs Sieb geben. Wieder zum Kochen
bringen, kleingehackte Petersilie, geriebenen Käse und Eidotter unterrühren, mit Stärkemehl binden. Über die frisch
in Butter gerösteten Brötchenscheiben geben.

Gemüse

Gemüsefeinde – und deren gibt es hauptsächlich unter den Herren der Schöpfung noch mehr als genug – begründen ihre Abneigung meist mit dem ein wenig herben Geschmack dieser Zuspeise.
Spinat durch ein wenig Sahne oder Milch zu mildern und abzurunden, rät Ihnen jede gute Köchin. Warum sollten Sie diese gute Regel nicht auch auf die anderen Gemüsearten anwenden?
Geben Sie dem Kochwasser Milch zu, servieren Sie das Gemüse in einer Sahnesauce – es gibt noch eine Menge anderer Tricks, die wir Ihnen hier verraten werden.

Übrigens wird Gemüse auch viel bekömmlicher durch die Verbindung mit dem in der Milch enthaltenen tierischen Eiweiß. Und schließlich – wem ist das nicht wichtig! – brauchen Sie für das mit Milchprodukten zubereitete Gemüse weniger Butter, um zu einem guten Geschmack zu kommen. Und das ist wieder für die Taille gut!

Blumenkohlauflauf Timmendorfer Strand

1 mittlerer Kopf Blumenkohl, 500 g Fischfilet, 3 EL Butter, 2 EL Stärkemehl, 2 Eigelb, Salz, Pfeffer, Zucker, 2 EL gehackte Petersilie, etwas geriebene Muskatnuß, 1/2 l Milch

Blumenkohlröschen in Salzwasser kochen. Abwechselnd zerpflückten rohen Fisch und die Röschen in einen Topf schlichten. Aus Butter und Stärkemehl helle Schwitze bereiten, mit der Milch aufgießen. Mit Salz, Pfeffer und etwas Zucker abschmecken. Mit gehackter Petersilie und geriebener Muskatnuß würzen, über Fisch und Blumenkohl gießen. Im Rohr ca. $^1/_2$ Stunde garen.

Bohnengulasch

1 kleine Dose Brechbohnen, 2 große Zwiebeln, 500 g gemischtes Gulasch, 2 EL Butter, 1 Msp scharfes Paprikapulver, Salz, $^1/_4$ l Milch, $^1/_4$ l Würfelbrühe, etwas weißer Pfeffer, evtl. zum Strecken Kartoffeln nach Belieben

Gulasch und feingehackte Zwiebeln anbraten und mit sehr wenig Wasser weich dünsten. Dann Bohnen dazugeben. Mit Milch und Würfelbrühe auffüllen, mit Paprika und Salz würzen. Vor dem Servieren evtl. mit Mehl binden – die Sauce soll sehr kompakt und sahnig sein. Sie können auch gleich Kartoffelwürfel mitkochen.
Vor dem Servieren 1 EL Butter dazugeben, mit Pfeffer bestreuen.

Weiße Bohnen in Buttermilch

500 g weiße Bohnen, 1 kleine Zwiebel, 1 l Buttermilch, 1 EL gehackte Petersilie, 1 EL Bohnenkraut, Salz, 1 EL Stärkemehl

Die jungen weißen Bohnen eine Stunde auf kleiner Flamme in der Buttermilch ohne Umrühren kochen. Dann geschnittene Zwiebel zugeben und noch eine Stunde kochen lassen. Bohnen abtropfen und auf vorgewärmte Schüssel geben. Brühe sieben, mit Petersilie, Bohnenkraut und Salz und Pfeffer noch einmal aufkochen, mit Stärkemehl binden, darübergießen.
Dazu schmecken Würstchen gut, die man kurze Zeit in den Bohnen hat ziehen lassen.

Geschmorte Gurken

1 Salatgurke, 100 g fetter geräucherter Speck, ¹/₄ l Joghurt, 1 EL Stärkemehl, Salz, Zitronensaft, Zucker, feingewiegter Dill, Pfeffer, Fleischbrühe

Gurke würfelig schneiden, mit etwas Salz bestreuen und gut ziehen lassen. Inzwischen Speck würfelig schneiden und rösten. Die Gurke dazuschütten und ca. 10 Minuten schmoren lassen. Joghurt mit Stärkemehl verquirlen, mit Salz, Pfeffer, Zucker, Zitronensaft und Dill abschmecken und darübergeben. Dünsten, bis die Gurke weich ist.

Balkan-Lesko

250 g Paprikaschoten, 250 g Tomaten, 250 g Zwiebeln, 2 EL Öl, Zucker, Rosenpaprika, 4 geräucherte Bratwürste, 3 Eier, ¹/₄ — ¹/₂ l Buttermilch, 1 EL Stärkemehl

Paprikaschoten waschen, von Kernen befreien und streifig schneiden, Tomaten häuten und in Scheiben schneiden, Zwiebeln würfeln. Alles in Öl anbraten. Mit Zucker, Salz und Rosenpaprika stäuben, mit Buttermilch aufgießen und weich dünsten. 4 geräucherte Bratwürste in Scheiben dazugeben und mitdünsten lassen. Mit Stärkemehl binden. 3 Eier verquirlen, salzen, in das Gemüse schütten und im Rohr überbraten.

Junge Karotten

500 g junge Karotten, 2 EL Butter, Salz, Zucker, Pfeffer, ¹/₄ l saure Sahne, 3 EL Petersilie, 2 EL Schnittlauch

Karotten unter fließendem Wasser sauberschaben, in sehr wenig Wasser mit 2 EL Butter, Salz und Zucker auf kleiner Flamme weich dünsten. Saure Sahne mit Salz, Pfeffer und den gehackten Kräutern vermischen, darübergeben und vorsichtig miterhitzen.

Pilzgulasch Schwarzwald

750 g frische gemischte Pilze, 2 große Zwiebeln, 3 EL
feingehackte Petersilie, 3 EL Butter, 2 EL Stärkemehl,
Salz, etwas frischgemahlener weißer Pfeffer, ¼ l Buttermilch, etwas Suppenwürze

Pilze waschen, blättrig schneiden. Mit geriebenen Zwiebeln und der Petersilie in der Butter anbraten. Mit Buttermilch aufgießen und weich dünsten. Mit Salz, Pfeffer und
Suppenwürze abschmecken, mit Stärkemehl binden.

Pikante Pfifferlinge

750 g Pfifferlinge, 1 große Zwiebel, 4 EL Butter, reichlich
frischer gehackter Dill, 1 Msp Ingwer, Salz, 1 EL Stärkemehl, ¼ l saure Sahne

Pfifferlinge in feine Scheiben schneiden, waschen, mit der
gehackten Zwiebel in Butter anrösten. Mit Dill und Ingwer
bestreuen, salzen und rasch mit sehr wenig Wasser weichdünsten. Mit Stärkemehl binden, die saure Sahne aufgießen und noch einmal vorsichtig erhitzen.

Pilzgemüse ›Hollywood‹

500 g beliebige Pilze, 2 EL Butter, Salz, ¼ l Joghurt,
1 TL Zitronensaft, reichlich gemischte Kräuter (Petersilie,
Schnittlauch, Kerbel, Dill, Liebstöckel)

Pilze in Butter ca. 15 Minuten dünsten, dann salzen.
Joghurt unter dauerndem Rühren mit den gehackten Kräutern und dem Zitronensaft erwärmen und über die Pilze
geben. – Dazu gibt es Reis.

Rosenkohl

500 g Suppenfleisch, 500 g Rosenkohl, Salz, Pfeffer,
Muskat, 3 EL Butter, 2 EL gehackte Petersilie, 1/4 l Milch,
2 EL Stärkemehl

Fleisch mit wenig Wasser beinahe gar kochen, dann herausnehmen und in Würfel schneiden. Geputzten Rosenkohl und Fleischwürfel in die Brühe zurückgeben, noch ca.
1/2 Stunde kochen. Mit Salz, Pfeffer, Muskat abschmecken,
mit Milch aufgießen und mit Stärkemehl binden. Kurz
vor dem Auftragen frische Butter und Petersilie unterziehen.

Sauerkraut Budapest

500 g mageres Schweinefleisch, 2 große Zwiebeln, 2 EL
Öl, 4 Knoblauchzehen, Paprika, Kümmel, Salz, 500 g
Sauerkraut, 1/2 l Milch, 2 EL Mehl

Fleisch in Gulaschstücke schneiden und im Fett mit den
Zwiebeln andünsten. Knoblauch, Kümmel, Paprika, Salz
und Milch dazugeben und in bedecktem Topf weich kochen
lassen. Dann Sauerkraut dazugeben. Evtl. mit Wasser aufgießen, denn alles soll mit Flüssigkeit bedeckt sein. Noch
ungefähr 30 Minuten kochen, mit Mehl binden.

Schwarzwurzelgemüse

500 g Schwarzwurzeln, 1 Zitrone, 2 EL Butter, Salz, Pfeffer, geriebene Muskatnuß, 2 Eier, 1/4 l Milch, 200 g gekochter Schinken, 1 EL Stärkemehl

Schwarzwurzeln waschen, die dunkle Haut abschaben und
sofort in Essigwasser legen. In Stücke schneiden. In 1 EL
Butter und ca. 1/4 l Salzwasser weich dünsten. Mit Milch,
Butter, Stärkemehl, Salz, Pfeffer, Muskat, der geriebenen
Schale von 1/2 Zitrone kurz unter Rühren aufkochen
lassen. Eidotter und Saft von 1/2 Zitrone und den in Streifen
geschnittenen Schinken unterziehen.

Bulgarischer Spinat

750 g Spinat, 2 EL Mehl, 1/2 l Buttermilch, 2 EL Butter,
4 Zehen Knoblauch, 1 große Zwiebel, 1/4 EL geriebene
Muskatnuß, Salz

Spinat in Buttermilch weich kochen, fein wiegen. Wieder
aufsetzen, mit Mehl stäuben, mit dem Kochwasser aufgießen. Salzen. Die zerkleinerten Knoblauchzehen und die
feingehackte Zwiebel in der Butter gelb rösten, unter den
Spinat rühren. Mit geriebener Muskatnuß würzen, noch
ca. 5 Minuten bei kleiner Hitze dämpfen.

Römische Tomaten

8 Tomaten, 3 Knoblauchzehen, 400 g Tartar, 4 EL Butter,
Salz, Paprika, Tomatenketchup, Saft einer Zitrone, 3 EL
gehackte Kräuter, 1 Eigelb, ca. 1/2 l Buttermilch

Tomaten aushöhlen. Tartar mit den zerkleinerten Knoblauchzehen, dem Eigelb und der gehackten Petersilie verkneten, mit etwas Buttermilch geschmeidig machen. Mit
Salz, Paprika und Tomatenketchup würzen, in die Tomaten
füllen. In feuerfeste Form setzen, Deckelchen aufstülpen.
Sauce: Rest der Buttermilch, Butter, Tomatenketchup,
Zitronensaft, Salz, Paprika und die Kräuter. In der Röhre
ca. 20 Minuten dünsten. Zu Reis servieren.

Salate

»Salat waschen, Essig, Öl und Salz ...« Nach diesem ebenso einfachen wie barbarischen Rezept bereitet man seit der Entdeckung der Vitamine und damit der Rohkost bis in unsere Tage Salat zu. Kein Wunder, daß es mehr Salat-›Kaspare‹ als -freunde gibt!

Auch hier gilt, was wir bei den Gemüsen sagten: Milch und ihre Verwandten lassen Salate bekömmlicher, leichter und doch sättigender werden. Probieren Sie doch mal eine Joghurt- oder Quarkmarinade statt der gewohnten Essig-Öl-Mischung oder machen Sie einen bunten Salat damit statt mit der schweren und wegen der Gefahr für die ›schlanke Linie‹ vielfach so gefürchteten Mayonnaise an – diesen Salaten werden weder Ihre Familie noch Ihre Gäste widerstehen können!

Gemüsesalate

Artischockensalat Böttchergasse

4 Artischocken, Salz, Saft einer Zitrone, 1 l saure Sahne, 4 EL Petersilie, Dill und Schnittlauch, 1 EL Tomatenketchup, 1 Glas Cognac

Artischocken waschen und Stiel abschneiden. In reichlich Salzwasser weich kochen. Saure Sahne mit Zitronensaft, Salz, Petersilie, Dill, Schnittlauch, Tomatenketchup und Cognac würzig anrühren, über die Artischocken geben.

Blumenkohlsalat

1 Kopf kalter gekochter Blumenkohl, 2 harte Eier,
2 Tomaten, evtl. 100 g Krabben, 1/4 l saure Sahne, 2 EL
Zitronensaft, 2 EL gehackte Kräuter oder Zwiebeln, Salz,
Pfeffer

Blumenkohl zu Röschen zerpflücken und in eine Schüssel
geben. Tomaten- und Eierscheiben darumlegen, dazwischen
die Krabben. Sahne mit Zitronensaft, den Kräutern oder
Zwiebeln gut verrühren, mit Salz und wenig Pfeffer abschmecken, darübergießen.

Weißer Bohnensalat

250 g gekochte weiße Bohnen, 1/4 l saure Sahne, 2 EL
Estragon-Essig, 4 Frankfurter Würstchen, 1 EL Schnitt-
lauch, 1 EL feingehackte Zwiebeln, Salz, Pfeffer, etwas
Zucker, etwas Tomatenketchup, etwas Sojasauce

Bohnen abtropfen lassen. Die Würstchen darunterschnip-
peln. Aus saurer Sahne, Essig, Schnittlauch, den Zwiebeln,
Salz, Pfeffer, Zucker, Tomatenketchup und Sojasauce
pikante Tunke rühren und darübergeben. Durchziehen
lassen und kalt servieren.

Champignonsalat

1 mittlere Dose Champignons, 1/8 l saure Sahne, einige
Tropfen Zitronensaft, etwas frischgemahlener Pfeffer,
sehr viel geschnittener Schnittlauch, etwas Salz

Champignons vierteln oder in Scheibchen schneiden. Sehr
kalte Sahne mit Zitronensaft, Pfeffer, Salz und Schnittlauch milde abschmecken, damit sie nicht den Eigen-
geschmack der Pilze stört, über die Champignons geben
und gleich servieren.

Chicoree-Stip Ernst-Otto

6 Chicoree-Stauden, $^3/_8$ l — $^1/_2$ l Joghurt, Salz, Zucker,
Tabasco-, Worcestershire- und Sojasauce, Senf

Chicoree unter fließendem Wasser entblättern und bitteren
Kern entfernen. Blätter abtrocknen, hübsch auf einer Platte
angerichtet servieren. Aus Joghurt, Salz, Zucker, Tabasco-,
Worcestershire- und Sojasauce und Senf eine sehr delikate
Sauce bereiten und in Schälchen zu Tisch bringen. Man
stippt die Chicoreeblätter in die würzige Sauce und ißt
dazu Toast.

Salat à la Romana

4 Chicoree, 1 kleine Dose Ananas, $^1/_4$ l saure Sahne,
Saft von $^1/_2$ Zitrone, 2 EL gestiftelte Mandeln, Zitrone,
Salz, Curry

Chicoreeblätter unter fließendem Wasser ablösen und
streifig schneiden. Ananas stifteln, mit den Mandeln zu
dem gut abgetrockneten Chicoree geben. Saure Sahne mit
Zitronensaft, Mandeln, Zitrone, Salz und Curry abschmecken, zu dem Salat geben.

Chicoreesalat

500 g Chicoree, 125 g Sahnequark, $^1/_8$ l Milch, 2 TL
Meerrettich, 1 EL Senf, Salz, Zucker, Pfeffer, 1 Knoblauchzehe

Chicoree unter fließendem Wasser waschen und entblättern, damit der bittere Kern übrigbleibt. Die Blätter in ca.
3 cm lange Stücke schneiden. Abtrocknen. In eine vorher
mit der halbierten Knoblauchzehe ausgeriebene Salat-
schüssel geben. Quark mit Milch, Meerrettich und Senf
verrühren, mit Salz, Pfeffer und einer Prise Zucker abschmecken und über den Salat geben.

Erbsensalat Amsterdam

1 große Dose junge Erbsen, 2 EL geriebene Zwiebel,
1/4 l Joghurt, 1 EL Kräuteressig, Salz, Pfeffer, gehackter
Dill, Senf, 4 Tomaten, 4 hartgekochte Eier

Joghurt mit Essig, Salz, Pfeffer, dem gehackten Dill und
dem Senf pikant abschmecken.
Die Erbsen und die geriebene Zwiebel dazugeben. Durchziehen lassen. Mit Tomaten und Eierscheiben garnieren.

Fenchelsalat

4 Fenchelknollen, 1/4 l saure Sahne, Saft von 1/2 Zitrone,
125 g roher Schinken, 2 EL gehackte Mandeln, 3 Mandarinen, Salz, Pfeffer, ca. 3 EL gehackte frische Kräuter
(Estragon, Thymian, Dill und Petersilie)

Fenchel eine knappe Stunde lang gar kochen. Nach dem
Abkühlen in Scheiben schneiden. Feingewürfelten Schinken über die Fenchelscheiben streuen. Saure Sahne mit
Zitronensaft, Mandeln, Kräutern, Salz und Pfeffer abschmecken, über den Fenchel streuen. Mit Mandarinenscheiben und etwas Fenchelkraut garniert servieren.

Original jugoslawischer Gurkensalat

1/2 Knoblauchzehe, Öl, Estragonessig, 1 Salatgurke, Salz,
5 EL Nüsse, 1/4 l Joghurt

Knoblauch mit Salz zerdrücken, mit den gemahlenen Nüssen verkneten. Öl dazugeben, mit dem Joghurt verquirlen,
Gurke in dünne Scheiben schneiden, gut mit der Masse
vermischen. Mit Estragonessig säuern.

Grüner Salat Königsallee

¹/₄ l Sahne, 1 Pr Salz, 1 Pr Zucker, Saft von 1 Zitrone,
etwas geriebene Zitronenschale, 1 TL Worcestershiresauce, 1 Msp Curry, 3 Salatherzen

Sahne steif schlagen und alle Zutaten während des Schla-
gens dazugeben. Vorsichtig unter die gesalzenen Salatherzen heben. In einer mit Knoblauch ausgeriebenen
Schüssel servieren.

New Yorker Grüner Salat

1 Kopf Salat, 1 kleine Dose Ananas, 1 Orange, ¹/₄ l
Joghurt, 2 EL Meerrettich, Salz, Pfeffer, Worcestershiresauce, 2 Mandarinen, 1 EL Estragonessig

Salat waschen, abtropfen lassen und in Streifen schneiden. Zwei Mandarinen würfeln und dazugeben, Ananas-
würfel daruntermischen. Joghurt mit Meerrettich, Saft
einer Orange, Salz, Pfeffer, Worcestershiresauce, 1 EL
Estragonessig abschmecken und über den Salat gießen.
Gleich servieren.

Kohlrabisalat

4 junge Kohlrabi, ³/₈ l Buttermilch, Salz, weißer frischgemahlener Pfeffer, 2 EL gehackte Petersilie, 1 EL geriebener Meerrettich, etwas Worcestershiresauce, 1 EL
gehackter Thymian, 2 Tomaten

Kohlrabi grob raffeln. Buttermilch mit Salz, Pfeffer, Meerrettich, Worcestershiresauce, Petersilie und Thymian abschmecken und über die Kohlrabi geben. Mit Tomaten-
vierteln garnieren.

Kürbis-Kuddelmuddel

1 Tasse eingelegte Kürbiswürfel, 1 feingewürfelter Apfel,
2 grobgeraspelte Gewürzgurken, 1 EL Tomatenmark,
Saft von ½ Zitrone, 2 hartgekochte Eier, 2 EL gehackte
frische Kräuter, 2 EL geriebene Zwiebel, ¼ l Joghurt,
Salz, Pfeffer, 1 Msp geriebene Muskatnuß

Alles gut mischen, zu Bratkartoffeln und Eiern servieren.

Lauchsalat

5 Stangen Lauch, Salzwasser, ¼ l Joghurt, Dill, Salz,
Tabascosauce, 1 Schuß Cognac, 3 Tomaten

Lauch in dicke Scheiben schneiden, in Salzwasser weich-
kochen. Joghurt mit feingeschnittenem Dill, Salz, Tabascosauce und Cognac abschmecken, über den Lauch geben. Gut
durchziehen lassen und mit Tomatenscheiben garnieren.

Butter-Möhren-Salat

500 g Möhren, 2 EL Butter, je 1 Pr Zucker und Salz — *für
die Sauce:* ¼ l Schlagsahne, ¼ l Joghurt, wenig Zucker,
Salz, frischgeriebener weißer Pfeffer und Sojasauce,
etwas Zitronenschale

Möhren putzen und schnitzeln, in Wasser weich kochen,
dem Zucker, Salz und Butter beigegeben wurden.
Sahne steif schlagen. Joghurt mit wenig Zucker, Salz, Pfeffer und Sojasauce und etwas geriebener Zitronenschale
verrühren, unter die Sahne heben. Die Sauce bis zum Servieren kalt stellen. Dann die erkalteten Möhren darunterheben.

Rote-Rüben-Salat

500 g rote Rüben, 1/4 l Joghurt, 5 EL Meerrettich, Salz,
Pfeffer, Zucker, Kümmel, 1 Zwiebel

Gekochte rote Rüben in feine Streifen schneiden. Joghurt
mit Meerrettich vermischen, mit Salz, Pfeffer, Kümmel abschmecken und über die roten Rüben geben. Kurz vor dem
Servieren sehr viel feingehackte Zwiebeln dazugeben.

Sauerkrautsalat

250 g Sauerkraut, 3 Möhren, 2 Äpfel, 125 g Sellerie,
125 g Sahnequark, 2 EL Zitronensaft, Salz, 2 EL gehackte
Kräuter oder Zwiebel, evtl. 1 Pr Zucker

Sauerkraut fein schneiden. Möhren, Äpfel und Sellerie
raspeln. Quark mit etwas Milch, Zitronensaft und Kräutern oder Zwiebeln gut verrühren, mit Salz abschmecken
(evtl. noch mit einer Prise Zucker). Gut mit Sauerkraut und
Gemüse mischen.

Selleriesalat Monte Carlo

1 große Sellerieknolle, Salz, Pfeffer, Eigelb, 125 g Sahnequark, 3 EL Öl, Saft von 1/2 Zitrone, 1 EL Senf

Sellerieknolle waschen, abtrocknen und schälen. Alle harten Teile entfernen und in sehr feine Stäbchen schneiden.
In einer Marinade von Eigelb, Öl, Zitronensaft, Quark,
Salz und Pfeffer und etwas Milch einige Stunden stehen
lassen und dann sehr kalt servieren.

Spargelsalat Julie Christie

500 g gekochter Spargel, 5 Tomaten, 3 hartgekochte Eier,
1 Zwiebel, Salz, Pfeffer, sehr viel Schnittlauch, 1/2 Zitrone,
1/4 l Joghurt, 1 Msp Zucker, 1 Glas Cognac

Spargel in ca. 4 cm lange Stücke schneiden. Eier grob
hacken, Tomaten häuten und in dünne Scheiben schneiden.
Zwiebel reiben, Schnittlauch wiegen. Alles gut mischen.
Joghurt mit Salz, Pfeffer, Zitronensaft, etwas Zucker und
Cognac abschmecken, über den Spargel geben. Gut durch-
ziehen lassen und dann zu Toast servieren.

Spinatsalat

250 g junger Blattspinat, 3 hartgekochte Eier, 4 Sardellenfilets, Saft einer Zitrone, 1/4 l saure Sahne, Salz,
weißer Pfeffer

Spinat gut waschen, in feine Streifen schneiden. Eier grob
hacken. Sardellenfilets wiegen und mit der sauren Sahne
und dem Zitronensaft vermischen. Mit Salz und frischgemahlenem weißem Pfeffer abschmecken. Etwas ziehen
lassen.

Weißkrautsalat

1 kleiner Kopf Weißkohl, 2 saure Gurken, 1/4–1/2 l
Joghurt, 2 TL Tomatenketchup, Salz

Krautblätter nach dem Waschen und Abtropfen von den
Rippen befreien und sehr fein schneiden. Joghurt mit
Tomatenketchup und Salz verrühren, darübergeben. Eine
gute Stunde durchziehen lassen. Vor dem Anrichten die
Gurken in Scheiben schneiden und dazufügen.

Wintersalat

2 Stangen Lauch, 2 Äpfel, 2 Tomaten, 250 g Sahnequark,
2 EL gehackter Schnittlauch, Salz, Pfeffer, Zucker, 1 EL
Senf, 2 EL Öl

Lauch waschen, putzen und in Ringe schneiden. Äpfel
schälen und in kleine Würfel teilen. Tomaten stifteln. Aus
Sahnequark, Schnittlauch, Salz, Pfeffer, Zucker, Senf und
Öl Marinade bereiten und den Salat darin ziehen lassen.
Vor dem Auftragen zu heißem Toast mit gehacktem
Schnittlauch überstreuen.

Bunte Salate

Appetitsalat

2 grüne und 2 rote Paprikaschoten, 250 g Holländer Käse,
1 TL scharfer Senf, 1 Apfel, Salz, Pfeffer, $1/2$ Zitrone,
etwas Chillisauce, 125 g Sahnequark, 2 EL gehackter
Schnittlauch

Paprikaschoten unter dem Wasser gut ausspülen, damit
alle Kerne entfernt werden. In dünne Ringe schneiden.
Käse und Äpfel würfeln. Aus Quark, Zitronensaft, Salz,
Pfeffer, Senf und Chillisauce würzige Marinade bereiten
und darübergeben. Mit Schnittlauch bestreuen. Zu Toast
servieren.

Bunter Salat

2 rote Rüben, 2 Stangen Chicoree, 1 großer Apfel,
1 Zwiebel, 2 EL geriebener Meerrettich, 2 harte Eier,
1 EL Zitronensaft, ½ l Joghurt, Salz, Pfeffer, Zucker,
1 TL Düsseldorfer Senf, 2 EL Öl, Tabascosauce

Weichgekochte rote Rüben schälen und in kleine Würfel
schneiden. Chicoree waschen, der Länge nach halbieren und
den bitteren Kern herauslösen, streifig schneiden. Apfel in
kleine Würfel schneiden, Zwiebel sehr fein hacken. Alles
gut mischen. Aus Meerrettich, Zitronensaft, Joghurt, Salz,
Pfeffer, Zucker nach Geschmack, dem Senf, Öl und einem
Schuß Tabascosauce Marinade rühren, über die Gemüse
geben. Mit Eierscheiben garnieren. Schmeckt gut zu Weißbrot und kühlem Bier.

Serbischer Salat

200 g Senfgurken, 2 saure Äpfel, 3 Bananen, 1 Zitrone,
1 kleiner Kopf Salat, 1 kleine Sellerieknolle, ½ l Joghurt,
2 Tomaten, 2 EL Nüsse, 2 EL gehackte Petersilie, 100 g
gewürfelter Schweizer Käse, 1 Tasse Sauerkraut (unge-
kocht), Salz, Pfeffer, evtl. etwas Knoblauchsalz

Früchte würfeln und in dem Zitronensaft durchziehen
lassen. Salat in feine Streifen schneiden. Tomaten brühen,
schälen und würfeln. Gurken und Sellerie würfeln, Nüsse
und Petersilie fein hacken. Joghurt mit Käse verrühren,
mit Salz und Pfeffer abschmecken. Kalt stellen. Vor dem
Servieren Früchte, Salat, Tomaten, Sellerie, Sauerkraut und
Gurken vermischen und in flache Schalen geben, mit der
kalten Joghurtsauce übergießen. Evtl. noch mit etwas
Knoblauchsalz überpudern.

Feinschmeckersalat Moldau

250 g Räucherfisch (Goldbarsch o. ä.), 50 g Emmentaler,
1 Tasse Tomatenpaprika, 1 gewürfelter Apfel, 1 Tasse
körnig gekochter Curry-Reis, 1/4 l saure Sahne, Pfeffer,
Salz, Zucker, Paprika, etwas grüner Salat, 1 Likörglas
Kornschnaps, etwas Chillisauce

Fisch von Haut und Gräten befreien, zerkleinern. Käse und
Tomatenpaprika feinstreifig schneiden. Mit dem Reis vermischen. Aus Joghurt, Pfeffer, Salz, Zucker, Paprika, Kornschnaps und Chillisauce eine würzige Marinade bereiten,
über den Salat geben. Auf grünen Salatblättern anrichten.

Luzerner Käsesalat

400 g gemischter Hartkäse, 2 Essiggurken, 2 EL Essiggemüse, 1 süßsaure Paprikaschote, 2 EL Perlzwiebeln,
1 EL Kapern, 1 EL Oliven, 3/8 l saure Sahne, 2 EL Zitronensaft, 1 EL Senf, 1 EL Sojasauce, Salz, 1 Prise Zucker

Käse kleinwürfelig, Gurken, Essiggemüse, Paprikaschoten
und Perlzwiebeln in Scheibchen schneiden. Alles mit den
Kapern und Oliven vermischen. Aus saurer Sahne, Zitronensaft, Senf und Sojasauce Marinade rühren, mit Salz
und Pfeffer abschmecken. Über den Salat geben. Gut durchziehen lassen.

Krabbensalat Jungfernstieg

1/4 l Joghurt, 2 Eigelb, je 1 Msp Salz, Pfeffer und Senf,
Saft einer Zitrone, 200 g Krabben, 1 TL Cognac, 4 hartgekochte Eier, 1 kleine Dose junge Erbsen, 3 EL gehackte
frische Kräuter

Joghurt mit Eigelb und Zitronensaft verrühren. Mit Salz,
Pfeffer und Senf, evtl. auch mit Zucker abschmecken. Die

Krabben, die in Scheiben geschnittenen hartgekochten Eier
und die Erbsen dazugeben, durchziehen lassen. Zum Schluß
die Kräuter und den Cognac vorsichtig unterrühren.

Ochsenzungensalat à la Vier Jahreszeiten

500 g gekochte und abgezogene Ochsenzunge, 2 Paprikaschoten, 1 kleine Dose Champignons, 1 Glas Rotwein,
1 EL Senf, Estragonessig, 1 EL geriebener Meerrettich,
2 EL Johannisbeergelee, 2 EL gehackte Petersilie, Salz,
Pfeffer, Zucker, 1 EL geriebene Zwiebel, 1/4 l saure Sahne

Zunge in Würfel schneiden, Paprikaschoten in Streifen
schneiden, Champignons halbieren. Saure Sahne mit Rotwein verrühren, mit Senf, Essig, Meerrettich, Johannisbeergelee, Salz, Pfeffer, Zucker und Zwiebel gut würzig abschmecken und über Zunge, Paprika und Champignons
geben. Gut durchziehen lassen und vor dem Anrichten mit
Petersilie bestreuen.

Regenbogensalat

2 rote Paprikaschoten, 2 grüne Paprikaschoten, 3 Mandarinen, 250 g blaue Trauben, 1 EL Schnittlauch, 1 EL
gehackte Zwiebeln, 1 Cognacglas Weinbrand, 1/2 l saure
Sahne, 1 Zitrone, Salz, Paprika, etwas Tabascosauce

Von den Paprikaschoten Kerne entfernen, Schoten in
dünne Streifen schneiden. Saure Sahne mit Zitronensaft,
Salz, Paprika und Tabascosauce abschmecken, darübergeben und alles gut durchziehen lassen. Trauben waschen,
mit Weinbrand marinieren und gut durchziehen lassen.
Mandarinen (oder Orangen) schälen und zerpflücken. Kurz
vor dem Anrichten alles vermischen, mit dem Schnittlauch
und den gehackten Zwiebeln bestreuen. Zu Rührei-Toast
servieren.

Sellerie-Mandarinen-Salat

1 kleine Knolle Sellerie, 125 g gekochte Möhren, 4 Mandarinen, 2 Äpfel, 1 Zitrone, 50 g geriebene Nüsse, 1/4 l
saure Sahne, 1 EL Senf, Salz, Pfeffer, Zucker, 3 EL gehackte frische Kräuter, 1 EL feingeriebene Zwiebel, 200 g
zerkleinertes gekochtes Geflügelfleisch

Sahne mit Senf, Salz, Pfeffer, Zucker und den Kräutern
abschmecken. Sellerie grob raffeln, die gekochten Möhren
stifteln. Mandarinen in Spalten teilen und zerpflücken.
Äpfel schälen und kleinwürfeln. Zitronensaft darübergießen und ziehen lassen. Vor dem Anrichten Geflügelfleisch daruntermischen und alles mit der Joghurtsauce
übergießen. Noch einmal kurz durchziehen lassen.

Thunfischsalat, indonesisch

2 EL Öl, 1 gehackte große Zwiebel, 1 EL Curry, 1 TL
Ingwer, 1 TL Zucker, etwas Salz, Saft von 1/2 Zitrone,
1 EL Stärkemehl, 1/2 l saure Sahne, 2 EL Tomatenmark,
1 Dose Thunfisch, 5 EL körniggekochter Reis

Die gehackte Zwiebel im Öl goldbraun anbraten, mit der
sauren Sahne aufgießen. Mit Curry, Ingwer, Zucker, Tomatenmark und Salz abschmecken. Stärkemehl in Zitronensaft anrühren und damit die Sauce binden. Nach dem Erkalten den zerpflückten Thunfisch und den Reis darunterheben. Zu Toast reichen.

Skat-Salat

Ca. 250 g Bratenreste, am besten vom Wild, eine Birne,
2 Bananen, 1/4 l Joghurt, 2 EL Johannisbeergelee, Saft
einer Zitrone, Salz, Pfeffer, Ingwer, 2 EL Estragon, 2 EL
Petersilie

Fleischreste, Birne und Bananen in Streifen schneiden.
Joghurt mit Johannisbeergelee, Zitronensaft, Salz, Pfeffer,
Estragon und Petersilie sowie dem feingewiegten Ingwer
gut verrühren, darübergeben. Sehr gut durchziehen lassen.

Saucen

Saucen mit Milch, Sahne, Joghurt oder Quark zubereitet,
sind Feinschmeckersaucen! Jeder der berühmten Köche hat
ein rundes Dutzend davon in seiner Rezeptsammlung. Eine
Handvoll neuer Milchsaucen und auch einige abgewandelte
›klassische‹ stellen wir hier vor. Sonst ist nichts zu sagen:
diese Saucen werden für sich selbst sprechen!

Pikante Cognac-Sauce

¹/₄ l saure Sahne, 1 Likörglas Cognac, Salz, Rosenpaprika, 2 EL Zitronensaft, Curry, Ingwer

Alles gut verrühren und sehr kalt stellen. Evtl. beim Servieren Eiswürfel daruntergeben. – Zu kaltem Fleisch oder
Fisch servieren.

Currysauce

1 Zwiebel, 2 EL Butter, 1 TL Curry, 1 EL Stärkemehl, ¹/₄ l
Milch, ¹/₂ Apfel, Salz, 1 EL gehackte Petersilie, 1 TL Dillspitzen, 6 Eier, 1 Tasse Fleischbrühe

Zwiebel reiben und in der Butter braten. Mit der Milch
und der Fleischbrühe aufgießen, mit Stärkemehl binden.
Den halben Apfel darunterreiben, mit Salz, Petersilie und
Dillspitzen abschmecken, ca. 10 Minuten kochen. Dann
über die hartgekochten, geschälten und halbierten Eier
geben. – Servieren Sie dazu Reis mit wenig Curry und viel
gehackter Petersilie.

Sauce Europäischer Hof

2 EL Butter, 2 EL Mehl, Salz, Muskat, $^1/_2$ l Milch, 1—2 EL
Tomatenmark, 3 EL gehackter magerer gekochter Schinken, 1 Lorbeerblatt, 3 Pfefferkörner, $^1/_2$ Zwiebel, 1 EL
gehackte Petersilie

Lorbeerblatt, Pfefferkörner, die unzerschnittene halbe
Zwiebel in der Milch gut durchkochen. Absieben. Aus
Butter und Mehl helle Schwitze bereiten, mit der abgesieb-
ten Milch aufgießen. Tomatenmark, Schinken und Petersilie dazugeben, mit Salz und Muskat abschmecken und
noch einige Minuten kochen lassen. – Zu Hühnerfleisch,
Spargel oder Blumenkohl servieren.

Grüne Sauce

Frische Kräuter, soviel Sie bekommen können: Dill,
Estragon, Liebstöckel, Petersilie, Schnittlauch, Kresse,
Borretsch, Zitronenmelisse, Kerbel, $^1/_4$ l saure Sahne,
2 hartgekochte Eidotter, 1 TL Senf, etwas Kräuteressig,
Salz, Pfeffer, $^1/_8$ l Buttermilch

Saure Sahne und Buttermilch mit Senf, Essig, Salz und
Pfeffer abschmecken. Dann die frischgehackten Kräuter
und das kleingewürfelte Eigelb dazugeben. Zu kaltem
Braten servieren.

Joghurtsauce zu Fisch

2 EL Butter, 2 EL Mehl, Fischsud, $^1/_4$ l Joghurt, 2 Eigelb,
Salz, Suppenwürze, etwas Weißwein, $^1/_2$ Kopf Blumenkohl, Estragon

Von Butter und Mehl eine Schwitze bereiten, mit kochender Fischbrühe und Joghurt auffüllen. Mit Eigelb legieren,
vorgekochte Blumenkohlröschen und etwas sehr fein

gehackten Estragon dazugeben, noch einmal etwas ein-
kochen lassen. Mit Salz und Suppenwürze abschmecken,
etwas Weißwein dazu und über den Fisch gießen.

Dalmatinische Kapernsauce

4 EL Öl, 3 EL gehackte Zwiebeln, 1 EL Mehl, 4 EL
Kapern, 1/2 l Joghurt, 1 EL Zitronensaft, etwas weißer
frischgemahlener Pfeffer, Salz

Die gehackten Zwiebeln in Öl weich dünsten. Mehl in
etwas Joghurt anrühren, aufgießen. Vorsichtig aufkochen
lassen. Mit den Kapern, Zitronensaft, Pfeffer und Salz
abschmecken. Nach Geschmack eine feingehackte Knoblauchzehe darunterrühren.

Madeirasauce ›Schlanker Schlemmer‹

1 EL Butter, 1/4 l Madeira, 1/4 l Joghurt, Salz, frischgemahlener Pfeffer, 1 Lorbeerblatt, 1 EL Johannisbeergelee, 1 EL Stärkemehl, 3 Pfefferkörner, 2 Möhren,
1/2 Zwiebel

Geschnittene Möhren und Zwiebel in Butter anrösten.
Mit Madeira und Joghurt aufgießen, mit Lorbeerblatt,
Johannisbeergelee, Salz und Pfeffer würzen, ca. 1/2 Stunde
kochen lassen. Dann alles durch ein Sieb streichen, mit
Stärkemehl binden. Zu Suppenfleisch oder Kochfisch.

Marsala-Sauce zum Salat

125 g Sahnequark, 1/4 l Marsala, Salz, Tabascosauce —
Endiviensalat, Mandarinenscheiben

Quark mit Marsala, Salz und Tabascosauce abschmecken.
Endiviensalat in feine Streifen schneiden, Mandarinen zerpflücken, in der Sauce gut durchziehen lassen.

Mandarinensauce

125 g Sahnequark, 1/4 l Milch, 1/2 Zitrone, Salz und
Zucker nach Geschmack, 1 Msp Currypulver, 2 EL ge-
hackter eingelegter Ingwer, 1 kleine Dose zerpflückte
Madarinenscheiben

Quark mit Milch, Mandarinensaft, Zitronensaft, der geriebenen Zitronenschale, Salz, Zucker und Curry abschmecken. Die Mandarinen und den gehackten Ingwer
daruntermischen. – Sehr kalt zu kaltem Rindfleisch servieren.

Meerrettichsauce

2 EL Butter, 2 EL Mehl, 1/2 l Joghurt, nach Geschmack
geriebener Meerrettich, Salz, Zucker, 1 EL geriebene
Mandeln, 1 Zitrone

Aus Butter und Mehl eine helle Schwitze machen. Mit der
Hälfte des Joghurts unter ständigem Rühren auffüllen,
salzen und gut durchkochen. Dann mit Zucker und Meerrettich abschmecken. Nicht mehr kochen. Den restlichen
Joghurt, die Mandeln und Zitronensaft unterrühren.

Olivensauce

2 EL entkernte Oliven, 2 EL Kapern, 2 EL gehackte Zwiebeln, 1 Sardellenfilet, Saft von 1/2 Zitrone, Salz, etwas
frischgemahlener weißer Pfeffer, 1/8 l saure Sahne, 1/4 l
Buttermilch

Oliven, Sardellenfilet und Kapern fein wiegen, mit den
Zwiebeln mischen. Mit Zitronensaft beträufeln und mit
weißem Pfeffer bestreuen, durchziehen lassen. Vor dem
Anrichten mit etwas gesalzener eiskalter saurer Sahne-
Buttermilch-Mischung übergießen.

Paprikasauce Julischka

1/2 l Joghurt, 1 EL Tomatenmark, 1 EL Paprikamark,
1 EL Petersilie, Salz, Pfeffer, 1 EL feingehackte Zwiebeln,
1 EL feingewiegte Essiggurke

Alles gut verrühren. Schmeckt herrlich zu Suppenfleisch,
oder um kräftiges Schwarzbrot einzudippen.

Pariser Sauce

2 EL Butter, 2 EL Speisestärke, 1/2 l Milch, 3 EL frischgehackte Kräuter, 1 EL gekochte Blumenkohlröschen,
1 EL gekochte junge Erbsen, 1 EL in kleine Stücke
geschnittener Spargel, etwas Muskatnuß, Salz, frischgemahlener weißer Pfeffer, 50 g sehr fein geschnittene
Fleisch- oder Schinkenreste, 2 Eier, Saft von 1/2 Zitrone

Aus Butter und Speisestärke sehr helle Schwitze bereiten,
mit Milch aufgießen und durchkochen. Vom Feuer nehmen.
Die Kräuter, das Gemüse und das Fleisch daruntergeben.
Mit Salz, Pfeffer, Zitronensaft und Muskatnuß abschmek-
ken, Eigelb unterrühren, steifen Eischnee darunterheben.

Pilzsauce

1 Päckchen Trockenpilze oder ca. 125 g beliebige Frisch-
pilze, 1 große Zwiebel, 2 EL gehackte Petersilie, 1 EL
gehackter Dill, 1/2 l Buttermilch, 1 EL Butter, 1 Spritzer
Cognac, Suppenwürze, 1 hartgekochtes Ei, 1 EL Mondamin, Salz, Pfeffer

Pilze waschen und fein wiegen, mit der gewürfelten Zwiebel in Butter goldbraun rösten. Mit der Buttermilch aufgießen und ca. 15 Minuten gar kochen lassen. Mit Cognac,
Suppenwürze, Salz und Pfeffer abschmecken. Kurz vor
dem Anrichten die gehackten Kräuter und das kleinge-
schnittene harte Ei daruntergeben.

Sahnesauce

¹/₄ l saure Sahne, Saft von ¹/₂ Zitrone, 1 EL gehackte
Kräuter, 1 EL feingehackte Zwiebel, etwa Salz

Gut verrühren. Gut als Marinade zu Möhren/Selleriesalat.

Kalte Tomatensauce

8 EL Tomatenketchup, 2 EL Öl, 2 EL gehackte Zwiebel,
1 grobgeriebener Apfel, 2 EL gehackte Petersilie, ¹/₄ l
Joghurt, 1 Msp Paprikapaste, 2 hartgekochte Eier, Salz,
Pfeffer, Zucker, 2 EL gehackter Schnittlauch

Öl, Joghurt und Tomatenmark verrühren. Die gehackte
Zwiebel, Petersilie, den Apfel und die gewiegten Eier
darunterheben. Mit Salz, Pfeffer, einer Prise Zucker und
der Paprikaschote abschmecken. Kalt gestellt durchziehen
lassen. Mit Schnittlauch bestreut zu kaltem Fleisch oder zu
harten Eiern und Toast servieren.

Zigeunersauce

¹/₂ l Joghurt, 6 EL Tomatenketchup, 2 EL Senf, 4 EL Öl,
5 Sardellenfilets, 2 Zwiebeln, 1 Bund Petersilie, 1 Bund
Schnittlauch, Salz, Pfeffer und Paprika nach Geschmack,
2 EL Mixed pickles, Saft von ¹/₂ Zitrone, 1 Likörglas
Cognac

Joghurt mit Tomatenketchup, Senf, Öl und Cognac gut
verrühren. Sardellenfilets, Schnittlauch, Petersilie, Zwiebeln und Mixed-Pickles fein hacken und dazugeben. Mit
Salz, Pfeffer, Paprika und Zitronensaft sehr pikant abschmecken. – Paßt gut zu allem trockenen Fleisch und zu
Kochfisch.

Fleischgerichte

Schütteln Sie verwundert den Kopf, wenn Sie zu diesem Kapitel kommen? Fleischrezepte mit Milch? Ja, Sie haben recht gelesen!
Im Zuge unserer modernen Eßgewohnheiten, in denen Riesenmengen von Fleischsauce nicht mehr gefragt sind, legt man um so größeren Wert auf Qualität. Und die gewinnt garantiert mit der guten alten neuentdeckten Milch! Deshalb: schütteln Sie ruhig den Kopf, aber probieren Sie unsere Rezepte aus! Und freuen Sie sich, wenn Ihre Familie dann Ihr wunderbares Essen lobt!

Pfeffersteak

4 gut abgehangene Rumpsteaks, 4 EL Butter, 1/2 l Buttermilch, viel frischgemahlener weißer Pfeffer, 4 EL frischgehackte Kräuter, 4 EL Cognac, Salz

Rumpsteaks gut mit Pfeffer und Salz einreiben, in der Butter schnell braten. Mit Buttermilch aufgießen, die Sauce zu einer sehr dicken Creme einschmoren lassen. Mit Cognac, Salz, Kräutern und noch einmal Pfeffer scharf abschmecken. – Zu Pommes frites servieren.

Boeuf Stroganoff

500 g Rinderfilet, 2 Zwiebeln, 1 kleine Dose Steinpilze, 4 EL Butter, Salz, Pfeffer, 3 EL Senf, 1/4 l saure Sahne

Rinderfilet in dicke Scheiben schneiden, mit den gehackten Zwiebeln und den blättrig geschnittenen Pilzen in heißer Butter braten, daß das Fleisch innen rosa bleibt. Mit Pfeffer und Salz würzen, mit saurer Sahne ablöschen und glattrühren. Senf untermischen. Gleich servieren.

Bulgarisches Rindersteak

4 Rindersteaks, 125 g bulgarischer Schafskäse, 1 EL Dillspitzen, 3 EL Butter, Suppenwürze, weißer frischgemahlener Pfeffer, ³/₈ l saure Sahne

Rindersteaks kurz in Butter braten. Bratensaft mit saurer
Sahne aufgießen, mit Suppenwürze und Pfeffer abschmek-
ken. Schafskäse mit den Dillspitzen und saurer Sahne gut
verkneten und auf die heißen Steaks streichen.

Sauerbraten

500 g Rindfleisch, ca. ³/₄ l Buttermilch, Estragonessig,
Gewürzkörner, Lorbeerblatt, Salz, Zwiebelscheiben, 3 EL
Butter, ¹/₂ Soßlebkuchen

Rindfleisch ca. 4 Tage in Marinade aus Buttermilch, Essig
und Gewürzen geben. Dann abtrocknen, salzen, in heißer
Butter von allen Seiten anbraten. Mit der Marinade auffüllen, mit dem Lebkuchen binden, weich schmoren.

Boeuf Versailles

500 g mageres Ochsenfleisch, 1 Lorbeerblatt, ¹/₄ l Joghurt,
Saft von ¹/₂ Zitrone, 4 Pfefferkörner, 2 Petersilienwur-
zeln, ¹/₄ l kräftiger Rotwein, 2 EL Mehl, 2 EL Butter,
Salz, Zucker, Wasser, 1 Zehe Knoblauch

Fleisch mit Joghurt und Wasser aufgießen. Salz, Zitronensaft, Knoblauch, Lorbeerblatt, Pfefferkörner und Peter-
silienwurzeln zugeben. Weich dünsten.
Sauce mit dunkelblonder Mehlschwitze abziehen, mit Rotwein, Salz und Zucker abschmecken.

Paprikalendchen

500 g Schweinelende, Salz, Pfeffer, Paprika, Butter, $^1/_4$ l
Joghurt, 1 kleines Döschen Tomatenmark, Würfelbrühe,
Mehl, 2 EL gehackte Kräuter, Saft von $^1/_2$ Zitrone

Das Fleisch in Scheiben schneiden, jede Scheibe gut mit
Salz, Pfeffer und Paprika einreiben und in Butter von allen
Seiten anbraten. Mit Fleischbrühe aufgießen, ca. 20 Minu-
ten schmoren lassen. Mit etwas Mehl binden.
Joghurt mit Tomatenmark und den Kräutern verrühren.
Mit Salz, Pfeffer, Paprika und Zitronensaft würzig ab-
schmecken. In die Sauce rühren und mit erhitzen, aber nicht
aufkochen lassen.
Schmeckt ausgezeichnet zu Bratkartoffeln, Gurken- und
Tomatensalat.

Pikantes Schweinefleisch

2 Zwiebeln, 1 Stange Lauch, 3 EL Butter, 250 g mageres
Schweinefleisch, zwei gehäutete Tomaten, 1 Spritzer
Tabascosauce, Salz, Majoran, Ingwerpulver, Brühwürfel,
250 g Schweineleber, $^1/_2$ l Joghurt

Zwiebeln und Lauch sehr fein schneiden, in der Butter anrösten. Dann aus der Pfanne nehmen. Schweinefleisch in
Würfel schneiden und in diesem Fett von allen Seiten anbraten. Dann Zwiebeln und Lauch wieder dazugeben,
ebenso die gewürfelten Tomaten. Mit Tabasco, Salz, Majoran und Ingwer abschmecken. Mit 1 Tasse Würfelbrühe
und dem Joghurt aufgießen und langsam diesen Saft einschmoren lassen.
Schweineleber braten, leicht salzen und zu dem Fleisch
geben, noch kurz mitziehen lassen.

Schweineplättchen ›My Fair Lady‹

400 g Schweineschnitzelfleisch, 2 Zwiebeln, möglichst
viele Küchenkräuter, ¹/₂ l Buttermilch, 3 EL getrocknete
Pilze, 3 EL Butter, Salz, Maggiwürze, Pfeffer, 1 EL
Speisestärke

Fleisch in kleine Scheibchen schneiden, mit den gewürfelten
Zwiebeln in der Butter dünsten. Kräuter fein hacken, Pilze
gut waschen und fein schneiden, mitdünsten. Mit Buttermilch aufgießen und weiterkochen, mit Salz, Pfeffer und
Suppenwürze abschmecken und mit Speisestärke binden.

Polnisches Lammgulasch

125 g Speck, 4 Zwiebeln, 500 g Lammfleisch, 125 g Champignons, 1 EL Stärkemehl, Salz, Pfeffer, ¹/₂ l Buttermilch

Speck würfelig schneiden und goldbraun werden lassen.
Zwiebeln in Scheiben schneiden, Fleisch würfeln. Beides
dazuschütten und gut anbraten. Mit Buttermilch aufgießen,
Pilze dazugeben und schmoren, bis das Fleisch gar ist. Mit
Stärkemehl binden. Mit Salz und Pfeffer abschmecken.

Hammelschulter nach Art der Provence

1 Hammelschulter, ¹/₂ l Rotwein, ¹/₂ l Buttermilch, Salz,
Pfeffer, 1 große Zwiebel, 1 EL Petersilie, 1 kleine Dose
Champignons, 1 Likörglas Cognac, 50 g geräucherter
Speck, 3 EL Butter, 2 Zehen Knoblauch, 1 EL Stärkemehl

Hammelschulter vom Knochen lösen. In einer Kasserolle
Speck ausbraten. Zwiebeln gelb dünsten. Butter dazugeben
und Hammelschulter darin anbraten. Mit Rotwein und
Buttermilch aufgießen. Mit Salz, Pfeffer, Petersilie und
Knoblauch abschmecken und auf kleiner Flamme gar dün-

sten. Die Sauce durchs Sieb geben, mit Stärkemehl binden, die ganzen Champignons und den Cognac dazugeben, über das Fleisch gießen.

Bratschinken, ostpreußische Art

4 Scheiben geräucherter roher Schinken, 4 EL Butter, 1 l Buttermilch, einige Spritzer Cognac, 2 TL Stärkemehl, Salz, Pfeffer

Schinken in eine Schale mit der Buttermilch legen. Nach 2–3 Stunden herausnehmen, abtrocknen. In heißer Butter auf beiden Seiten schön braun braten. Dann Fleisch herausnehmen und auf vorgewärmte Platte legen. Bratensauce mit der Buttermilch, in die das Stärkemehl verrührt wurde, aufgießen. Kurz kochen. Mit Cognac, Salz und frischgemahlenem Pfeffer abschmecken. Über die Schinkenscheiben gießen. Schmeckt besonders gut zu Pellkartoffeln und einem klaren Schnaps.

Lukullus-Röllchen

4 große Scheiben magerer gekochter Schinken, 4 Eier, 4 EL Schnittlauch, 2 EL Petersilie, 1/2 l saure Sahne, etwas Paprika, Muskatnuß und Salbei, etwas Suppenwürze, 1 EL Stärkemehl

Eier wachsweich kochen, mit den Kräutern und Gewürzen und 2 EL saurer Sahne verrühren, auf den Schinken streichen. Schinken zusammenrollen und mit einem Spießchen feststecken. In feuerfeste Form geben. Saure Sahne mit Suppenwürze abschmecken, mit Stärkemehl binden, darübergießen. Im Rohr bei Mittelhitze ca. 1/4 Stunde überbacken. Zu Kartoffelbrei oder Toast servieren.

Fleisch-Reisklöße in Kapernsauce

375 g mageres Hackfleisch, 125 g Reis, 2 Eier, Salz, Mus-
katnuß, Semmelbrösel, 4 EL Butter, 1 EL Mehl, 1 Röhre
Kapern, 1 Zitrone, Salz, Pfeffer, 3 EL Petersilie, ³/₈ l
Buttermilch

Reis in leicht gesalzenem Wasser trocken garen Aus Hackfleisch, Eiern, Reis, Salz und Muskatnuß Teig kneten. Semmelbrösel zusetzen, bis sich der Teig gut zu Klößen formen
läßt. Klöße 10 Minuten in kochendem Salzwasser garen.
Aus Buttermilch, Butter, Mehl, Kapern, Zitronensaft eine
Sauce herstellen, mit Salz, Pfeffer würzen, die gehackte
Petersilie dazugeben. Klöße darin noch kurz ziehen lassen.

Bulgarisches Hackfleisch

500 g Hackfleisch, 1 große Zwiebel, 2 EL Öl, Salz, Pfeffer,
Petersilie, 1 Msp geriebene Pfefferminze, Tomaten-
ketchup, 500 g Kartoffeln, ³/₈ l saure Sahne, 2 Eier, 2 EL
Mehl

Zwiebel würfeln und im Öl anbraten. Hackfleisch mitbra-
ten. Mit Petersilie, Minze, Tomatenketchup, Salz und Pfeffer würzen. Mit etwas saurer Sahne sämig machen. In eine
gefettete Form schichtweise Fleischmasse und in Scheiben
geschnittene Kartoffeln geben. Sahne mit den Eiern verquirlen, mit Suppenwürze abschmecken und darüberschüt-
ten. Im Rohr hellbraun backen.

Balkan-Hacksteak

250 g Paprikaschoten, 250 g gemischtes Hackfleisch,
250 g Zwiebeln, 2 Eier, 1 Brötchen, Salz, Pfeffer, Knorr-
Aromat, 6 EL Butter, 5 EL geriebener Käse, ¹/₄—¹/₂ l
Buttermilch, 1 Zitrone, Selleriesalz

Paprikaschoten entkernen, in feine Streifen schneiden. Mit
den kleingewürfelten Zwiebeln in Butter anbraten. Bröt-

chen einweichen, auspressen. Mit dem Eigelb, Fleisch,
Paprika und Zwiebeln gut verkneten. Mit Salz, Pfeffer und
Aromat und geriebenem Käse verkneten. Flache Steaks
formen und in Butter braun braten. Aus Buttermilch und
Zitronensaft Sauce rühren, mit Selleriesalz und Pfeffer abschmecken. In die Pfanne geben und alles zusammen etwa
eine Minute aufkochen lassen.

Serbisches Pilz-Fleisch

500 g Kalbfleisch, 2 EL Butter, 2 Tassen Reis, 1/2 l Würfelbrühe, 1/2 l Buttermilch, 1 Tasse frische grüne Erbsen,
1 kleine Dose Pilze, 2 EL Tomatenmark, Salz, Pfeffer,
1 Zehe Knoblauch, 1 große Zwiebel

Kalbfleisch würfelig schneiden, in der Butter bräunen. Reis
dazugeben und gelb werden lassen. Mit Brühe und Buttermilch auffüllen. Erbsen, Pilze, Tomatenmark, Knoblauch,
Salz und Pfeffer untermengen, bei kleiner Hitze ca. 1 Stunde
schmoren lassen. Zwiebel feinwürfelig schneiden und in
etwas Butter dunkelblond werden lassen. Das Reisfleisch
dazugeben und noch einmal erhitzen.

Schlemmerragout Armin

1 mittlere Dose Champignons, 1 große Zwiebel, 50 g
Speck, 1/2 l Joghurt, 2 EL Stärkemehl, 2 EL Petersilie,
2 Eidotter, Salz, Muskat, 375 g Tartar, 3 EL Butter,
1 Tasse Weißwein, Saft von 1/2 Zitrone, Pfeffer

Champignons blättrig schneiden. Speck und Zwiebeln würfeln und goldbraun anbraten. Pilze dazugeben und kurz
dämpfen. Joghurt mit Stärkemehl dazurühren, mit Weißwein, Zitronensaft, gehackter Petersilie, Salz und Pfeffer
würzen. Tartar mit Eidotter, etwas gehackter Zwiebel, Petersilie, Salz und Muskat gut durchkneten, kleine Kugeln
formen, flachdrücken und in Butter braten. In die Pilzsauce
geben und noch einmal kurz aufkochen lassen.

Leber nach Bulgarenart

500 g Leber, 2 Zehen Knoblauch, Mehl, 4 EL Butter,
2 große Zwiebeln, ¼ l Joghurt, Salz, Zucker, Zitronensaft, 3 EL geriebener Käse, 1 Tasse Fleischbrühe, 3 EL
gehackte Petersilie, Pfeffer, evtl. 1 EL Stärkemehl

Leber in Scheiben schneiden, mit den halbierten Knoblauchzehen gut einreiben, in Mehl wälzen. In Butter auf allen
Seiten kurz andämpfen, gehackte Zwiebeln dazugeben und
goldgelb werden lassen. Mit Joghurt und Fleischbrühe aufgießen und noch ein paar Minuten zart kochen lassen. Mit
Salz, Zucker, Zitronensaft, Käse, Petersilie und Pfeffer abschmecken. Evtl. mit 1 EL Stärkemehl binden.

Zunge Hollywood

500 g gekochte, gepökelte Rinderzunge, 2 EL Butter, Salz,
1 Zwiebel, 1 Bund Suppengrün, 2 Zehen Knoblauch,
1 Lorbeerblatt, Tomatenketchup, Mehl, Cognac, ¼ l
Joghurt

Zunge in dicke Scheiben schneiden. In der Butter das feingewiegte Suppengrün, die gewürfelte Zwiebel und den zerkleinerten Knoblauch andünsten. Mit Ketchup, Salz, Lorbeerblatt würzen, mit Joghurt aufgießen, ca. 10 Minuten
durchkochen und dann sieben. Mit Mehl binden. – Ehe man
die Sauce über die Zungenscheiben gibt, Cognac darunterrühren.

Rehfilets

4 Rehfilets, Salz, Paprika, 4 EL Butter, 1 kleine Dose
Champignons, ¼–½ l Joghurt, 2 Eigelb, Petersilie

Rehfilets klopfen, salzen, gut mit Paprika einreiben, in der
heißen Butter braten. Champignons halbieren, in Joghurt
unter ständigem Rühren erhitzen. Mit Eigelb binden, abschmecken. Mit Petersilie bestreuen.

Hasenragout

500 g junges Hasenfleisch, ¹/₄ l Rotwein, ¹/₄ l Buttermilch,
¹/₈ l saure Sahne, 100 g durchwachsener Speck, Salz,
Pfeffer, Pfefferkörner, Wacholderbeeren, Salbei, Estragon, Petersilie, 1 EL Butter, etwas Kräuteressig, 1 EL
Stärkemehl

Hasenfleisch kleinschneiden, ca. 3 Tage in Marinade aus
Rotwein, Buttermilch, Salz, Pfeffer, Pfefferkörnern, Wacholderbeeren, Salbei, Estragon und etwas Kräuteressig
legen, so daß das Fleisch gut bedeckt ist.
Speck ausbraten, das abgetrocknete Hasenfleisch leicht
darin anbräunen. Mit der Marinade aufgießen und weich
kochen. Kurz vor dem Anrichten Sauce durchs Sieb geben,
mit Stärkemehl binden, die feingewiegte Petersilie und die
saure Sahne dazugeben. Über das von den Knochen gelöste
Fleisch gießen. – Zu Knödeln servieren.

Kaninchenragout Ardennen

500 g Kaninchengulasch, 3 EL Butter, 1 l Buttermilch,
¹/₄ l Weißwein, 3 Knoblauchzehen, reichlich Kräuter,
1 Bund Suppengrün, Salz, Pfeffer, 1 EL Estragonessig,
Mandelplätzchen, 1 Eigelb

Aus Buttermilch, Weißwein, den zerdrückten Knoblauchzehen, dem geschnittenen Suppengrün, dem Estragonessig
und den gehackten Kräutern (Petersilie, Dill, Thymian,
Salbei, Estragon, Liebstöckl) Marinade bereiten, das Ka-
ninchenfleisch gut einen Tag lang darin ziehen lassen. Dann
Fleisch abtrocknen und in Butter goldbraun anbraten. Mit
der Marinade aufgießen und bei kleiner Flamme gar kochen.
Mit einigen Mandelplätzchen und einem Eigelb binden.

Hubertusschüssel

500 g Wildragout, 250 g Zwiebeln, 1 kleine Dose Pfifferlinge oder 1 Beutel Trockenpilze, 3 EL Butter, je 1 Msp
Salz, Pfeffer und Paprika, 1 kleine Dose Ananasstücke,
250 g Sauerkraut, 1 Lorbeerblatt, 1/4 l Joghurt

Wildfleisch in Butter kräftig anbraten. Zwiebelwürfel dazugeben und gelb werden lassen. Pilze (Trockenpilze vorher gut einweichen) mitdünsten. Mit Salz, Pfeffer und
Paprika bestreuen, Sauerkraut, Lorbeerblatt und Ananas
hinzugeben. Mit Joghurt und Ananassaft aufgießen, ca. 30
Minuten schmoren lassen.

Hühnerbrust mit Ananas, malaiisch

500 g Hühnerbrust, 1 EL Stärkemehl, Salz, Pfeffer, 2 EL
Öl, 2 Knoblauchzehen, 1 kleine Dose Ananas, 1 EL Sojasauce, 1/4 l Joghurt, 1 EL Petersilie

Hühnerbrust in kleine Würfel schneiden, mit Salz und
Pfeffer würzen und im Öl ca. 10 Minuten braten. Die zerdrückten Knoblauchzehen und die Ananasstücke beifügen,
kurz ziehen lassen. Mit Joghurt aufgießen, mit Sojasauce
würzen und noch auf ganz kleiner Flamme weiterkochen
lassen. Mit Stärkemehl binden. – Zu Curry-Reis servieren.

Huhn Marianne

1 mittelgroßes Suppenhuhn, 1 großer Bund Suppengrün,
1/2–3/4 l Joghurt, 1 EL Stärkemehl, 3 Eidotter, 8 EL Butter,
Zitronensaft, Salz und Pfeffer, 1 EL Curry, 5 Knoblauchzehen

Huhn ausnehmen und säubern, in einen Topf geben. Suppengrün geschnitten darüberstreuen. Das Joghurt dazugeben und mit Wasser auffüllen, bis das Huhn bedeckt ist,

salzen. Zerdrückte Knoblauchzehen in den Sud geben.
Huhn im zugedeckten Topf weich kochen. Dann das Hühnerfleisch von den Knochen lösen. Sud durch das Sieb geben
und Suppengrün und die festen Joghurtteile nicht weiter-
verwenden. Die Brühe mit dem Stärkemehl, den Eidottern,
der Butter und Curry zu einer holländischen Sauce kochen.
Mit Zitronensaft, Salz und Pfeffer abschmecken.
Das Fleisch ist nun ganz besonders saftig und delikat. Es
wird in der Sauce zu Petersilien-Reis serviert.

Suppenhuhn in Schlemmersauce

1 Suppenhuhn, 2 EL Butter, 2 EL Mehl, 1 Tasse Hühner-
brühe, 1/4 l saure Sahne, 2 EL gehackte Petersilie, 1 Eigelb,
Salz, Ingwer, Zitronensaft, 1 Zehe Knoblauch, 250 g
Spargel, 250 g junge Erbsen

Gekochtes Suppenhuhn von den Knochen lösen. Aus Butter
und Mehl eine Schwitze bereiten, mit Hühnerbrühe und
saurer Sahne ablöschen, mit Petersilie, Eigelb, Salz, Ingwer,
Zitronensaft und zerdrücktem Knoblauch abschmecken, gut
durchkochen lassen. Hühnerfleisch darin ziehen lassen. Mit
Spargelstücken und jungen Erbsen verfeinern.

Sülze in Saurer-Sahne-Sauce

1 Eisbein, Lorbeerblatt, Gewürzkörner, 1 Zwiebel, Essig,
saure Gurke, Sülzenpulver, Salz, Pfeffer, 1/2 l saure
Sahne, 4 EL gehackte Kräuter, 2 EL geriebener Meerrettich, Saft von 1/2 Zitrone, etwas geriebene Zitronenschale, 4 EL gehackte Senffrüchte

Eisbein mit Lorbeerblatt, Gewürzkörnern und der in Scheiben geschnittenen Zwiebel in Wasser weich kochen. Brühe
absieben, mit Essig und Salz abschmecken und das Sülzenpulver nach Anweisung einrühren. Fleisch und Gurke wür-

feln, dekorativ in eine mit kaltem Wasser ausgespülte Form
schichten und mit der Brühe übergießen, zum Erstarren
kalt stellen.

Reichen Sie dazu folgende *Sauce:* saure Sahne mit Meerrettich, Salz, Pfeffer, den Senffrüchten, Zitronensaft und
-schale und Kräutern würzig verrühren. Alles sehr gut gekühlt zu Toast oder Bratkartoffeln servieren.

Fischgerichte

Daß Fischgerichte wahre Feste für die schlanke Linie sind,
hat sich längst herumgesprochen. Und auch, daß sie wahre
Leckereien sein können. Das trockene, langweilige Fisch-
kotelett von gestern ist tot – eine Fülle herrlicher neuer
Zubereitungsarten für Fische wurden aus den südlichen
und skandinavischen Küchen auch bei uns schon heimisch.
Daß Fische nicht nur gern im Wasser, sondern auch in Milch
schwimmen – das möchten wir Ihnen jetzt zeigen!

Kochfisch ›Walnußbaum‹

500 g Fischfilet, $^1/_2$ Zitrone, 1 kleine Zwiebel, 1 Lorbeerblatt, Gewürzkörner, 1 Bund Suppengrün, 125 g geriebene Walnüsse, 2 hartgekochte Eier, 1 EL Öl, 1 EL Senf,
1 EL Zitronensaft, $^1/_4$ l saure Sahne, etwas Salz, 3 EL
gehackter Schnittlauch, 1 EL Butter, 2 Knoblauchzehen

Fischfilet in Sud mit Zitronensaft, etwas geriebener Zitronenschale, Zwiebelscheiben, Lorbeerblatt, Gewürzkörnern
und Suppengrün garziehen lassen. In Portionsstücke tei-

len, mit etwas Butter bestreichen. Auf einer mit Knoblauch abgeriebenen Platte anrichten. Dazu folgende *Creme:* Walnüsse mit den Eiern, dem Olivenöl und Senf zu einer zähen Paste verrühren. Mit Öl, Zitronensaft und der Sahne verflüssigen. Mit etwas Salz abschmecken. Auf die Fisch-Stücke häufen, dick mit Schnittlauch bestreut zu Salzkartoffeln servieren.

Fischragout

500 g Fischfilet, Zitronensaft, 1/2 l Joghurt, Salz, Suppengrün, 1 Zwiebel, Lorbeerblatt, Pfefferkörner, 2 EL Butter, 2 EL Mehl, 2 EL Wein, etwas Tabascosauce

Fischfilet in Stücke schneiden, mit Zitrone beträufeln, in Essigwasser weich kochen. Suppengrün, Zwiebel, Lorbeerblatt, Pfefferkörner mitkochen. Butter und Mehl anschwitzen, Joghurt und Fischsud dazugießen, ca. 20 Minuten gut durchkochen. Durch ein Sieb geben. Fischstücke in die durchgesiebte Sauce geben und noch etwa 10 Minuten ziehen lassen. Dann mit Wein, Tabascosauce, noch etwas Zitronensaft und frischer Butter abschmecken.

Fischfilet ›Schwarzes Meer‹

500 g Fischfilet, 50 g Speck, 1 EL Butter, 1 EL gehackte Zwiebel — *Sauce:* 1/8 l Wein, 1/2 l Buttermilch, 1 Zwiebel, Pfefferkörner, Lorbeerblatt, Paprika, Salz, 2 EL gehackte Petersilie und Schnittlauch

Fischfilet leicht salzen, mit Speckstreifen spicken, mit Zwiebeln überstreuen und in Brattopf geben. Wein, Buttermilch, geviertelte Zwiebel und Gewürze ca. 30 Minuten gut verkochen, durch ein Sieb geben und über den Fisch schütten. Im Rohr noch einmal ca. 30 Minuten schmoren lassen. Butterflöckchen und Kräuter darübergeben.

Fischfilet ›Hotel Astor‹

500 g Fischfilet, 1 Ei, Salz, Pfeffer, Essig, 2 EL Stärkemehl, 2 hartgekochte Eidotter, 2 Gewürzgurken, 1 EL
Kapern, 1 EL Mixed Pickles, 1/2 TL gehackte Zwiebeln,
frischgemahlener weißer Pfeffer, 1/4 l Sahne, 2 EL gehackte Kräuter, Öl

Ei, Salz, Pfeffer, etwas Essig und Stärkemehl zu einer wür-
zigen Panade rühren. Fischfilets darin wälzen und in Öl
goldbraun braten.
Aus Sahne, Kräutern, den gehackten Zwiebeln, den gehackten Kapern, Pickles und der Gurke, den zerdrückten
Eidottern und den Kräutern im Wasserbad warme Sauce
rühren, mit wenig Pfeffer, etwas Salz und Zucker abschmecken. Zum Fisch reichen.

Fischrouladen

500 g Fischfilet, 1 kleine Dose Pilze, 2 EL Butter, 1 kleine
Zwiebel, 2 Knoblauchzehen, 1/4 l saure Sahne, 1/4 l Butter-
milch, 1 EL Stärkemehl, 1 EL Zitronensaft, 1 EL gehackte
Sardellen

Fischfilets in sehr dünne, lange Stücke schneiden. Mit fol-
gender Füllung bestreichen und dann zusammenrollen:
Pilze grob hacken, in Butter mit geriebener Zwiebel goldgelb dämpfen, zerdrückten Knoblauch dazugeben. Mit saurer Sahne und Buttermilch aufgießen, mit Stärkemehl binden. Mit Zitronensaft abschmecken, gehackte Sardellenfilets daruntergeben. Fischrouladen in eine feuerfeste, gefettete Form geben und was von der Füllung übrigblieb,
darübergießen.
Im Rohr gut 25 Minuten garen.

Fischstäbchen mit pikantem Sahnestip

1 Packung tiefgekühlte Fischstäbchen, 250 g Sahnequark,
Saft einer Zitrone, Salz, Pfeffer, Zucker, etwas Worcestershire-Sauce, 2 Gewürzgurken, 1 Apfel, 1 Paprikaschote, 2 EL Mixed Pickles

Fischstäbchen nach Vorschrift backen. Dazu gibt es Pom-
mes frites und folgende pikante Quarkcreme: Quark mit
Zitronensaft, Salz, Pfeffer, Zucker und Worcestershire-
Sauce abschmecken. Gurken, Apfel, Paprikaschote und
Mixed Pickles hacken und darübergeben.

Fischfilet à la Normandie

4 Fischfilets, 3 Gläschen Calvados, 3 EL Butter, 2 EL
Mehl, ¼ l Joghurt, 1 kleine Dose Champignons, etwas
Spargel, Salz, Suppenwürze

Fischfilets im Calvados marinieren, anzünden und in genügend Salzwasser sehr vorsichtig dämpfen. Von Butter
und Mehl eine Schwitze bereiten. Mit dem Fischsud auffüllen, Joghurt dazugeben. Champignons und Spargel beifügen. Mit Salz und Suppenwürfel würzen, vor dem Servieren etwas frische Butter und einen Schuß Calvados
hineingeben.

Fisch in Olivensauce

500 g Fischfilet, 1 Ei, 3 EL Mehl, Saft von 1 Zitrone, Salz,
Zucker, ¼ l saure Sahne, 6 EL gehackte Oliven

Fischfilet sehr dünn schneiden, lange in Zitronensaft
säuern. Dann in mit etwas Salz und Zucker gewürztem
Mehl wälzen und bei sehr kleiner Hitze in Öl gar dämpfen
lassen. Aus Sahne, Zitronensaft, etwas geriebener Zitronenschale und Eidotter im Wasserbad Sauce schlagen,
vom Feuer nehmen und die gehackten Oliven darunter-
ziehen. Auf den Fischfilets anrichten.

Portugiesischer Fischtopf

2 Zwiebeln, Suppengrün, 2 Tomaten, Schale einer
Orange, 3 EL Öl, 500 g Fischfilet, 100 g Reis, viele ge-
hackte frische Kräuter, geröstete Semmelwürfel, ¹/₄ l
Weißwein, ¹/₄ l Milch, etwas Suppenwürze, Salbei und
Thymian, 2 Zehen Knoblauch

Suppengemüse, Knoblauch, Salbei, Thymian und Zwiebeln fein hacken, mit den abgezogenen, gewürfelten Tomaten und der geriebenen Orangenschale in Öl weich
dämpfen. Das gesäuberte und gesäuerte, in Würfel geschnittene Fischfilet dazugeben und alles schmoren lassen.
Dann alles durch den Mixer geben, mit Fischbrühe und
Milch aufgießen. Mit dem Reis weiterkochen, mit den gehackten Kräutern und gerösteten Semmelwürfeln anrichten. Zuletzt Wein dazugießen und mit Suppenwürze abschmecken.

Fischtopf Hongkong

500 g Fischfilet, Saft einer Zitrone, Salz, 1 kleine Dose
Ananasstücke, 1 EL Ingwer, 1 EL Curry, 1 kleine Dose
Champignons, 2 EL Öl, ¹/₄ l Buttermilch (evtl. etwas
mehr), 1 EL Stärkemehl, 1 Zwiebel, 2 EL Tomatenmark

Fischfilet säubern, in Zitronensaft durchziehen lassen, salzen. Zwiebel fein hacken und im Öl hellgelb anrösten.
Fischfilet daraufschichten, mit etwas Buttermilch begießen
und im bedeckten Topf ca. 15 Minuten gar ziehen lassen.
Ananasstücke und in Scheiben geschnittene Champignons
dazugeben, durchziehen lassen. Mit Buttermilch aufgießen.
Mit Ingwer, Curry, Tomatenmark und wenig Salz abschmecken und mit Stärkemehl leicht binden. – Reichen Sie
dazu Petersilienreis!

Sauerkraut-Fischtopf

500 g Fischfilet, 1 Ei, Semmelbrösel, Salz, Pfeffer, 1/4 l
Milch, 3 EL Butter, 250 g gekochtes Sauerkraut

Fischfilet mit Salz und Pfeffer würzen, in Ei und Semmelbrösel wenden und in reichlich Butter braten. Bratensaft
unter Rühren mit Milch aufkochen.
Eine feuerfeste Form buttern und mit gekochtem Sauerkraut auslegen. Mit der Milchsauce übergießen, mit Semmelbröseln bestreuen. Darauf die Fischstücke, dann wieder
Sauerkraut. Mit Semmelbröseln und Butterflocken bestreuen, überbacken. Dazu gibt's Kartoffelbrei.

Fischkotelett ›Santiago de Chile‹

4 Seefisch-Koteletts, 4 Eier, Salz, Pfeffer, Semmelbrösel,
2 Sträußchen Petersilie, 2 EL Butter, 2 EL Stärkemehl,
1/4 l saure Sahne, 2 EL Zitronensaft, 1 Likörglas Cognac,
1 Spritzer Chillisauce, 50 g frische Butter

Seefisch säubern, säuern und salzen, dann in Ei und Semmelbröseln panieren. Der Panade nicht zu wenig frisch gemahlenen Pfeffer und etwas Salz zugeben. In schwimmendem Fett goldbraun braten. Auch die gewaschenen und
dann wieder gut getrockneten Petersiliensträußchen kurz
in das heiße Fett geben. Auf die Fisch-Koteletts legen.
Sauce: Aus Butter und Stärkemehl helle Schwitze bereiten,
mit der sauren Sahne anrühren, mit 2 Eidottern binden.
Mit Pfeffer, Salz und Zitronensaft würzen, dann mit
Cognac und Chillisauce nachwürzen, damit das Ganze süd-
amerikanische Schärfe hat. Vom Feuer nehmen und schnell
die frische Butter unterziehen. Auf den Koteletts und der
Petersilie anrichten.

Schwedischer Schmorfisch

500 g Fischfilet, 4 geschälte Tomaten, 1 Bund Suppengrün, 1 Ei, 2 EL Butter, 2 große Zwiebeln, ¼ l Joghurt,
1 Knolle Sellerie, Salz, Pfeffer

Sellerie weich kochen, schälen, in Scheiben schneiden. Nun
abwechselnd die Fischfilets, die Tomatenscheiben, Zwiebelscheiben und Selleriescheiben in eine feuerfeste Form
schichten und dazwischen das Suppengrün streuen. Joghurt
mit dem Ei, Salz und Pfeffer verquirlen und darübergießen,
mit Butterflöckchen bestreuen. Bei Mittelhitze ca. 30 Minuten backen. Vor dem Anrichten mit Zitronensaft beträufeln.

Seefisch in Tomaten-Dillsauce

500 g Fischfilet, 2 EL Zitronensaft, Salz, 1 Zwiebel, 2 EL
Öl, 1 kleine Dose Tomatenmark, ¼ l Joghurt, 2 EL geriebener Käse, 1 EL Stärkemehl, 2 EL Dill, 2 EL Petersilie

Fisch mit Zitronensaft beträufeln. Zwiebel in Öl anrösten,
Fisch salzen und dazugeben, von beiden Seiten etwas andämpfen. Tomatenmark, die feingehackten Kräuter, Joghurt hinzufügen, mit Salz abschmecken, auf kleiner Flamme
fertigdünsten. Zum Schluß mit dem Stärkemehl und Käse
binden.

Fischklopse

600 g gekochter Seefisch, 1 große Zwiebel, 4 EL Butter,
1 Semmel, 2 EL gehackte Petersilie, 50 g fetter geräucherter Speck, 1 l Buttermilch, Salz, Zucker, Pfeffer, Suppenwürze, ½ Zitrone, 2 EL gehackter Schnittlauch

Fisch durch den Mixer oder Fleischwolf geben. Zwiebel
würfeln und in der Butter dünsten, mit der eingeweichten

Semmel, der Petersilie und Salz und dem Fisch verkneten, Knödel formen. Fett ausbraten, mit Buttermilch und 1 Tasse Fischsud auffüllen. Mit Salz, Zucker, Pfeffer, Zitronensaft und -schale abschmecken. Klöße darin ca. 10 Minuten ziehen lassen. Mit viel Schnittlauch bestreuen.

Eingelegte Heringe, pommerisch

4 Matjesheringe, 1 große Zwiebel, 2 Lorbeerblätter,
1 Msp Thymian, einige Pfefferkörner, 1 Msp Muskat,
125 g Sahnequark, ¹/₄ l Milch, Estragonessig, Salz

Matjesheringe abwechselnd mit Zwiebelringen, Lorbeerblättern, Thymian und Pfefferkörnern in eine Schüssel schichten. Quark mit Milch, Essig, geriebener Muskatnuß und Salz abschmecken und die Heringe damit bedecken. Einige Tage zugedeckt kühl stellen.

Heringsfilet à la Hans Söhnker

4 Salzheringe (keine Filets), 1 Zwiebel, ¹/₄ l Joghurt,
etwas Milch, 2 Senfgurken, 1 großer Apfel, 1 Löffel
Rosenpaprika, etwas Pfeffer

Salzheringe aufschneiden, entgräten, Köpfe wegschneiden, filetieren. Von der herausgenommenen Heringsmilch ein Stück aufbewahren. Filets fünf Stunden wässern, mit einem Schuß Essig im Wasser. Dann abtropfen lassen.
Zwiebel kleinhacken, mit Joghurt und Milch und der Heringsmilch verrühren. Mit den kleingeschnittenen Senfgurken, den Apfelstückchen, dem Paprika und dem Pfeffer möglichst im Mixer zu einer sahnigen Sauce schlagen. Über die Heringsfilets gießen. Eine Stunde ziehen lassen. Dann zu Pellkartoffeln servieren.

Heringssalat

4 Matjesheringe, 2 große Äpfel, 2 große Zwiebeln,
4 harte Eier, 2 rote Rüben, 4 Kartoffeln, Salz, Pfeffer,
$1/4$ l Joghurt, $1/4$ l saure Sahne, 1 Zitrone, 1 Tasse Öl,
1 Zehe Knoblauch, 2 Senfgurken

Eine Steingutschüssel mit der halbierten Knoblauchzehe
ausreiben. Heringe in kleine Stücke schneiden, Äpfel, rote
Rüben (weich gekocht), gekochte Kartoffeln, Senfgurken
und harte Eier würfeln, Zwiebeln sehr fein schneiden, alles
gut vermischen. Aus Joghurt, saurer Sahne, Salz, Pfeffer,
Zitronensaft, Öl eine Marinade bereiten und darübergießen.

Lappen-Heringe

4 grüne Heringe, 4 Glas Wacholderschnaps, Essig,
Wacholderbeeren, Lorbeerblatt, Pfefferkörner, Salz, 2 EL
Mehl, 2 EL Butter, 3 EL scharfer Senf, $1/2$ l Buttermilch,
Salz, Pfeffer

Grüne Heringe ausnehmen und gut waschen, in Wacholderschnaps gut durchziehen lassen. Wacholderbeeren, Lorbeerblatt, Pfefferkörner, Salz in kräftigem Essigwasser
(darunter: $1/4$ l Buttermilch) ca. $1/2$ Stunde kochen lassen,
dann Heringe ca. 10 Minuten darin ziehen lassen. Aus
Mehl und Butter helle Schwitze bereiten, mit restlicher
Buttermilch und etwas vom durchgeseihten Sud aufgießen.
Mit Senf, Salz und Pfeffer abschmecken, über den Fisch
geben.

Pikante Vorspeisen —
Kleine Abendbrot-Gerichte

Leichte Kost zum Abendessen — ja, aber warum müssen es denn immer belegte Brote sein? Wenn man sie hübsch garniert, macht ihre Zubereitung genauso viel Mühe (wenn nicht mehr) wie eine kleine leichte Speise — und sie sind meist auch nicht billiger.

Unsere ›kleinen‹ Gerichte sind gerade das Richtige für die letzte Mahlzeit des Tages. Mit Milch, Quark und Joghurt zubereitet, sind sie leicht und bekömmlich und belasten den Magen während der Nacht nicht.

Aber auch als pikante Vorspeisen oder für Parties, bei denen man ja keine großen Mahlzeiten mit allen Schikanen vorsetzen, sondern den Gästen vielerlei nette Überraschungen zum Auswählen bieten will, empfehlen sich unsere kleinen Vorgerichte und ›Schmankerl‹.

Pellkartoffeln mit Quark

. . . sind eine leckere Sache. Und man kann den Quark auf so viele verschiedene Arten anrichten — der Phantasie sind keine Grenzen gesetzt! Hier nur einige Beispiele:

Quark mit Leinöl

1 kg Pellkartoffeln, 500 g Quark, 1—2 Zwiebeln, 1 Bündel Schnittlauch, 2—4 EL Leinöl, eventuell etwas Knoblauch-pulver und Kräutersalz

Den Quark passieren oder gut verrühren, mit dem Leinöl, den feingehackten Zwiebeln und den Gewürzen mischen.

Quark mit Speck und Zwiebeln

1 kg Pellkartoffeln, 500 g Quark, etwas Milch zum Verrühren (ca. 1 Tasse), Prise Salz und Pfeffer, 75 g Speck,
2 mittlere Zwiebeln

Quark mit Milch, Salz und Pfeffer verrühren, Speck aus-
lassen, mit den Zwiebeln anbräunen, in einer Sauciere
extra reichen.

Kräuterquark

1 kg Pellkartoffeln, je 1 Bund Petersilie, Schnittlauch,
Dill oder Kerbel, 500 g Quark, ca. $^1/_4$ l Milch, etwas Salz
und Pfeffer, nach Wunsch auch noch kleingehackte
Zwiebeln

Kräuter fein wiegen, Quark zuerst mit Milch, dann mit
Kräutern, Salz, Pfeffer und eventuell Zwiebeln gut verrühren. Wer mag, gibt noch pro Person ein Stückchen Butter extra.

Quark, pikant

1 kg Pellkartoffeln, 500 g Quark, 1 Röhrchen Kapern,
Kümmel, Salz, Pfeffer, kleingehackte Zwiebeln, Paprika,
Butter nach Belieben — die Menge der Butter richtet sich
danach, ob Sie Sahne- oder Magerquark verwenden,
etwas Kondens- oder andere Milch

Quark zuerst mit Milch und schaumig gerührter Butter,
Salz und Pfeffer, dann mit Kapern, Kümmel und Zwiebeln
gut verrühren. Mit Rosenpaprika bestreut zu Tisch
bringen.

☆

Eierauflauf

6 Eier, 1/2 l Joghurt, Salz, Pfeffer, Schnittlauch, Tomatenketchup, 3 EL Stärkemehl

Das Joghurt unter ständigem Rühren erhitzen. Die ganzen
Eier verquirlen und nach und nach das heiße Joghurt dazugeben. Salzen, pfeffern, Schnittlauch und Stärkemehl unterrühren. In eine Kranzform geben, im Rohr ca. 3/4 Stunde
bei schwacher Hitze stocken lassen. Dann stürzen. In die
Höhlung Tomatenketchup geben. Zu Toast und sehr viel
grünem Salat servieren.

Gefüllte Eier

8 hartgekochte Eier, 2 TL Butter, 1 kleine Dose Pfifferlinge, 2 EL gehackte Petersilie, 2 EL Schnittlauch — *für
die Sauce:* 2 EL Butter, 2 EL Mehl oder Stärkemehl, 1/4 l
Buttermilch, je 1 Msp Salz und Pfeffer, 100 g geriebener
Käse

Eier schälen und halbieren. Dotter herausnehmen und zer-
drücken. Mit Butter, Pfifferlingen, Petersilie und Schnitt-
lauch verrühren und gehäuft in die Eihälften füllen. In eine
feuerfeste Schüssel legen. Aus Butter und Mehl helle
Schwitze bereiten, mit Buttermilch aufgießen, mit Salz,
Pfeffer und dem geriebenen Käse pikant abschmecken.
Über die Eier gießen und ca. 15 Minuten überbacken. Zu
Kartoffelbrei servieren.

Rühreier Barbara

6 Eier, 4 EL gehackte verschiedene frische Kräuter, 4 EL
Sahnequark, 4 EL geriebener Käse, etwas Pfeffer, ganz
wenig Salz

Alles gut verquirlen, in 2 EL Butter unter Rühren backen.
Servieren Sie diese pikanten Rühreier zu einer Salatplatte.

Eier in Pilzsauce

1 Beutel Trockenpilze, 4 EL Butter, 1 große Zwiebel,
1 Tasse Fleischbrühe, 1/4 l saure Sahne, Salz, Pfeffer,
1/2 Zitrone, 3 EL gehackte Petersilie, 6 hartgekochte Eier,
2 EL Mondamin

Eier schälen und halbieren. Die vorher gut eingeweichten,
geschnittenen Pilze und die kleingewürfelte Zwiebel in der
Butter gelb dünsten. Mit Brühe auffüllen, mit Salz und
Pfeffer würzen und alles zum Kochen bringen. Vom Feuer
nehmen. Saure Sahne mit Stärkemehl anrühren, die Sauce
damit binden. Mit Zitrone abschmecken, die halbierten Eier
kurz in der Sauce erhitzen. Mit Petersilie bestreuen.

Herzhafter Quarkauflauf

1 große Zwiebel, 125 g geräucherter Speck, 1 Tasse
geriebener Käse, 5 Eier, 250 g Sahnequark, Salz, Pfeffer,
geriebener Muskat, 4 EL Semmelbrösel, 4 EL Schnittlauch

Speck würfeln und ausbraten. Zwiebel reiben und in dem
Fett goldbraun rösten. Mit Käse, Eiern, Quark, Salz, Muskat, Pfeffer und Semmelbröseln verquirlen. In Auflauf-
form geben und in der Röhre stocken lassen. Vor dem Auftragen mit Schnittlauch bestreuen.

Gold-Tomaten

4 große Tomaten, 150 g Fleischwurst, 1 hartgekochtes Ei,
1 kleine Dose Champignons, 4 EL gehackte frische verschiedene Kräuter (evtl. auch nur Schnittlauch), 1 Msp
Salz, 1 Msp Pfeffer, 1 Msp Zucker, 1 Spritzer Tabascosauce, 1/2 Zitrone, 1 Orange, 125 g Sahnequark, 5 EL
Milch

Tomaten halbieren und aushöhlen. Wurst, Ei und Tomatenfleisch würfeln, mit den Kräutern und dem Salz und

dem Pfeffer bestreuen. Quark mit Milch und dem Saft der Zitrone und Orange sowie Tabascosauce und wenig Salz abschmecken. Champignons, Wurst, Ei und Tomatenfleisch dazugeben. Alles in die Tomaten füllen und gut gekühlt zu Toast servieren.

Geflügelcocktail

250 g Hühnerfleisch, 125 g Champignons, 1/2 kleine Dose Ananasstücke, 1/4 l saure Sahne, Tabascosauce, Sojasauce, Zucker, Salz, etwas Cognac

Gekochtes Hühnerfleisch in feine Würfel schneiden, Champignons und Ananasstücke zerkleinern. Flache Gläser mit Salat auslegen, alles darauffüllen. Joghurt mit etwas Tabasco- und Sojasauce abschmecken, mit einer Prise Zucker, Salz und einem Schuß Cognac nachwürzen, über Hühnerfleisch, Champignons und Ananas geben.

Thunfisch-Cocktail

1 Dose Thunfisch, 1 Glas Gin, 1/4 l saure Sahne, Sojasauce, 1 kleine Zwiebel, 1 kleine Mandarine, Salz, Pfeffer, Curry, Ingwer

Thunfisch fein zerpflücken, mit Gin besprengen und ein paar Minuten ziehen lassen. Dann zerkleinerte Zwiebel und Mandarine dazugeben. Joghurt mit Salz, Pfeffer, Curry, Ingwer und Sojasauce abschmecken. Portionsschalen mit Salat auslegen, Fisch-Zwiebel-Mandarinen-Mischung darauf verteilen, Joghurtsauce darübergießen. Mit Zitronenscheiben garnieren.

Mandarinen-Cocktail

3 Mandarinen, einige grüne Salatblätter, ¹/₄ l saure
Sahne, 100 g Hartkäse, 100 g Schinken- oder Wurstreste,
1 Röhrchen Kapern, Salz, Pfeffer, Sojasauce, 1 EL Senf,
1 Glas Cognac

Mandarinen, Käse, Schinken und Wurstreste würfeln. Aus
saurer Sahne, Kapern, Salz, Pfeffer, Sojasauce, Senf und
Cognac eine pikante Marinade rühren, darunterheben.
Flache Schalen mit Salatblättern auslegen, daraufhäufeln.

Cocktail Jacqueline Kennedy

¹/₂ l Milch, 5 EL Zucker, 1 Päckchen Schokoladenpudding,
100 g bittere Kuvertüre, 125 g Sahnekäse (wie Gervais),
2 Likörgläser Cognac, 2 EL gestiftelte Mandeln, 1 Msp
Curry, 4 Mandarinen

Milch mit Zucker und Puddingpulver zum Pudding kochen.
Unter die noch heiße Masse unter ständigem Rühren
Kuvertüre reiben, Mandeln dazugeben. Nach dem Erkalten
Käse, Curry und Cognac unterrühren. Mit Mandarinen-
scheiben garniert in mit Salatblättern ausgelegten Schalen
servieren.

Überraschung in der Melone

1 Melone, 2 Gewürzgurken, 250 g Fleisch- oder Wurstreste, 3 hartgekochte Eier, ¹/₄ l saure Sahne, Tomatenketchup, 1 TL Currypuder, Saft von ¹/₂ Zitrone, 10 Perlzwiebeln, 2 EL Schnittlauch, Salz, 2 Likörgläschen Cognac

Melone teilen und beide Hälften vorsichtig aushöhlen. Die
Hälfte des Fruchtfleisches würfeln und im Cognac gut
durchziehen lassen. Gurke, Fleisch- und Wurstreste und

Eier fein würfeln. Kurz vor dem Anrichten mit den Perlzwiebeln unter das Melonenfleisch geben und mit folgen-
der *Sauce* übergießen: Sahne mit Tomatenketchup, Curry,
Zitronensaft und Salz abschmecken. Alles in die Melone
zurückfüllen, mit Schnittlauch bestreuen.

Vorspeise Fürstenhochzeit

.4 EL Krebsfleisch, 2 hartgekochte Eier, 4 EL junge Erbsen,
4 Stangen Spargel, 1/4 l saure Sahne, Saft von 1/2 Zitrone,
1 EL gehackte Petersilie, 1 EL geriebener Meerrettich,
1 EL Mandarinenscheiben, Salz, Zucker, Pfeffer, 4 Blätter
Salat

Saure Sahne mit Zitronensaft, Meerrettich, Salz, Zucker,
Pfeffer abschmecken. Kalt stellen. Schale mit Salatblättern
auslegen. Zerkleinertes Krebsfleisch, in Scheiben geschnittene Eier, Erbsen und zerschnittenen Spargel vermischen
und auf den Salat häufen. Kurz vor dem Anrichten die
Sahnesauce darübergeben. Mit Mandarinenscheiben garnieren, mit Petersilie bestreuen.

Vorspeise Ester Ofarim

1 kleine Dose Champignons, 2 EL Tomatenketchup,
1 Spritzer Tabascosauce, 2 EL Butter, 1 EL Stärkemehl,
2 Eigelb, 1/4 l Joghurt, Salz, Pfeffer, 1 Grapefruit

Von Butter und Mehl helle Schwitze machen und mit Joghurt ablöschen. Mit Tomatenketchup, Tobascosauce, Salz,
Pfeffer abschmecken. Champignons halbieren, Grapefruit-
fleisch in Würfel schneiden und unter die erkaltete Soße
ziehen. In Schälchen füllen. Mit dem Eigelb übergießen, im
Rohr kurz überbacken.

Sommer-Vorspeise Kolibri

1/2 Tasse geriebener Meerrettich, 1/4 l Joghurt, 1 Orange,
1 großer Apfel, 1/2 Kopf grüner Salat, Salz, Muskatblüte,
1/2 Tasse Tomatensaft

Meerrettich mit Joghurt und Tomatensaft verrühren, mit
Salz und Muskatblüte würzen. Kalt stellen. Salat in feine
Streifen schneiden, Orange und Apfel schälen und würfeln, mit der Sauce vermischen und gleich in Portionsschalen servieren.

Vorspeise Visby
(auch ein vorzügliches Sommer-Abendessen)

4 Fischfilets, 1/2 Zitrone, Salz, Pfeffer, Wacholderbeeren,
1 Zwiebel, Essig, Lorbeerblatt, 250 g Sahnequark, 1/8 l
Milch, sehr viele frisch gehackte Kräuter, Salz, Pfeffer,
Chillisauce, 1 Kopf Salat

Fischfilets waschen. In einem Sud aus Wasser, Salz, Pfeffer,
Wacholderbeeren, Zwiebelscheiben, Essig, Lorbeerblatt
vorsichtig gar kochen. Aus Quark, Milch, Pfeffer, Chillisauce, Zitronensaft und sehr vielen frisch gehackten Kräutern Marinade rühren. Portionsschalen mit Salatblättern
auslegen. Darauf kommt das Fischfilet, darauf die Quarkmarinade. Noch einmal mit Kräutern bestreuen.

Holländische Käsebällchen

4 EL Butter, 8 EL Mehl, 1/4 l saure Sahne, 2—3 Tassen
geriebener Käse, Salz, Pfeffer, 4 Eier, geriebenes Vollkornbrot, Curry, Petersilie

Butter mit Mehl und der Hälfte der sauren Sahne verkneten, auf kleiner Flamme unter ständigem Rühren erhitzen.

Käse dazugeben und auf der Feuerstelle lassen, bis er geschmolzen ist, mit Salz und Pfeffer abschmecken. Etwas abkühlen lassen. 2 Eier darunterrühren. In Ei und dann in geriebenem Vollkornbrot wälzen, in Fett schwimmend ausbacken. Die restliche Hälfte der sauren Sahne gut mit Salz, Curry abschmecken, reichlich frische gehackte Petersilie daruntergeben und zu den Käsebällchen reichen.

Türkische Tabule

$1/2$ l Joghurt, Saft einer Zitrone, Worcestershiresauce, 5 EL gekochter Reis, evtl. 1 Pr Zucker, etwas Salz, frische Kräuter, soviel Sie bekommen können: Schnittlauch, Dill, Basilikum, Borretsch, Petersilie, Zitronenmelisse, Liebstöckl, Rosmarin, Salbei, Thymian, Majoran, Estragon, Minze

Kräuter fein hacken. Joghurt mit Zitronensaft und Worcestershiresauce würzen, evtl. noch eine Prise Zucker dazugeben.Mit den Kräutern und dem Reis vermischen. Mit Weißbrot aufzustippen.

Westfälische Joghurt-Creme

$1/2$ l Joghurt, 6 EL geriebener Pumpernickel, Salz, Pfeffer, 1 Bund Radieschen, $1/2$ frische Gurke, reichlich Petersilie und Schnittlauch, Salat

Joghurt mit den gehackten Kräutern schaumig schlagen. Mit Salz und Pfeffer abschmecken. Kurz vor dem Servieren die dünnen Gurkenscheiben, die geviertelten Radieschen und den Pumpernickel unterheben, in mit Salatblättern ausgelegten Schalen servieren.

Joghurtstip Beatrix

1/2 l Joghurt, 1 Zwiebel, Salz, Pfeffer, 1 Prise Zucker,
1 große Msp Paprika, 1 EL gehackter Schnittlauch, 1 TL
Cognac

Joghurt gut mit der geriebenen Zwiebel verrühren, mit
Salz, Pfeffer, Zucker, Paprika, Schnittlauch und Cognac
abschmecken. In diese herrliche Sauce dürfen Sie entweder
frischgekochte Pellkartoffeln oder gegrillte Lendenfleisch-
stückchen vom Spießchen stippen.

Käsecreme-Dippen

200 g Sahnequark, 100 g geriebener frischer Emmentaler
Käse, 1 Päckchen Weichkäse (wie Gervais), 1 Msp frischgemahlener weißer Pfeffer, 1/2 TL Selleriesalz, 1 kleine
geriebene Zwiebel, 1 TL Worcestershiresauce, Gewürze
nach Geschmack

Alle Zutaten gut miteinander vermischen. Würzen Sie, wie
es Ihnen gefällt: mit Curry, Kümmel, Paprika. Probieren
Sie einmal alles aus, was Sie auf Ihrem Gewürzbord finden.

Hühnerleber-Pastetchen

6 Pastetchen, 250 g Hühnerleber, 3 EL feingehackte
Zwiebel, 2 EL Butter, Salz, Pfeffer, 1/4 l saure Sahne

Leber und Zwiebeln in Butter anbraten. Wenn sie gar sind,
fein mixen oder durchs Sieb geben. Mit Salz, Pfeffer und
saurer Sahne mischen und in die Pastetchen füllen, ca. 10
Minuten im Rohr aufbraten.

Nieren-Partypastete

2 Kalbsnieren, ¹/₂ Lorbeerblatt, 1 Zwiebel, 1 EL Butter
oder Margarine, 2 EL Paniermehl, ¹/₄ l saure Sahne, 1 EL
Stärkemehl, 1 EL Sojasauce, 1 großer Bund Petersilie,
4 Brötchen, etwas Cognac

Nieren aufschneiden, von den Harngängen befreien. Erst
in warmes Essigwasser, dann in kaltes Wasser legen, damit
auch der letzte Hauch von Harngeschmack vergeht. Sehr
fein schneiden.
Zwiebel in der Butter hellbraun rösten, Nierenscheiben
mitrösten. Lorbeerblatt sehr fein zerreiben, dazugeben.
Saure Sahne mit Sojasauce, Paniermehl und Stärkemehl
und der feingehackten Petersilie verquirlen, mit Salz und
Pfeffer und etwas Cognac abschmecken, kurz mit aufkochen.
Die Brötchen halbieren und aushöhlen. Die sämige Nieren-
masse hineinfüllen und noch kurz im Rohr überbacken.

Restefest

250 g gekochte Nudeln, 125 g Pilze, 125 g Zwiebeln,
1 Döschen Tomatenmark, Salz, Pfeffer, 3 EL Butter,
¹/₂ l Buttermilch, 2 Eier, 125 g Schinken- oder Bratenreste, etwas Salbei, 4 EL gehackte Kresse

Pilze und Zwiebeln ganz fein hacken, mit dem Tomatenmark und der Buttermilch und den Eiern mischen, mit Salz
und Pfeffer abschmecken. Zerkrümeltes Salbei dazugeben.
Abwechselnd die Nudeln, die Schinken- oder Bratenreste
und die Sauce in eine feuerfeste, gebutterte Form füllen,
mit Butterflöckchen bestreuen, ca. 30 Minuten bei Mittelhitze backen. Vor dem Anrichten mit gehackter Kresse
bestreuen.

Pikante Pasteten

250 g Mehl, 150 g Margarine, 250 g Quark, etwas Salz,
2 EL gehackte Petersilie, 1 Msp Curry, 2 EL beliebige
gehackte frische Kräuter — Hackfleischfüllung nach Belieben

Alles schnell und gut verkneten, ca. 20 Minuten kühl ruhen
lassen. Auf gut bemehltem Brett ausrollen, mit pikanter
Hackfleischfüllung bestreichen. In Hörnchen backen und
noch heiß zu frischem Salat servieren.

Pikanter Quarkauflauf

4 Eier, 500 g Sahnequark, 200 g Mehl, 2 TL Backpulver,
Paprika, Salz, 4 EL feingehackte Kapern, 4 EL in Streifen
geschnittene Fleischreste, 4 EL geriebener Käse, 4 EL
gehackte Kräuter, 4 EL Butter

Alles gut verrühren, in feuerfeste Form füllen und mit
Butterflöckchen bestreuen. Ca. 30 Minuten backen.

Fondue Tessin

375 g Schweizer Käse, 2 Zehen Knoblauch, 1/4 l saure
Sahne, 1 EL Stärkemehl, 3 Likörgläser Kirschwasser,
1 Msp Pfeffer, 1 Msp Currypulver, Weißbrot

Käse reiben und mit der sauren Sahne bei sehr milder Hitze
unter ständigem Rühren flüssig werden lassen. Gut zerdrückten Knoblauch und das im Kirschwasser angerührte
Stärkemehl in das Fondue geben.
Auf dem Rechaud zu Tisch bringen und mit Weißbrot-
würfeln auf der Gabel essen.
Das mit saurer Sahne verdünnte Fondue ist pikanter und
liegt weniger schwer im Magen.

Bulgarischer Käsestrudel

500 g Sahnequark, 200 g geriebener Käse, 4 Eier, 6 EL
Mehl, 1/4 l Sauerrahm, Salz, 1 EL Petersilie

Quark mit Käse, Eiern und Mehl gut verrühren, ausrollen,
zusammenrollen und auf dem Backblech backen. Wenn er
goldbraun ist, mit dem mit Salz und Petersilie angerührten
Sauerrahm übergießen und noch einige Minuten in den
schon erkaltenden Ofen stellen.

Pikanter Blätterteig

Blätterteig, 5 Eierfrüchte (Auberginen), 5 Paprikaschoten, 3 Eidotter, 2 EL Öl, 1/4 l Buttermilch, Salz, Pfeffer, —
für die Sauce: 200 g Hackfleisch, 1 kleine Zwiebel, 3/8 l
Buttermilch, Salz, 2 TL gehackte Petersilie, Paprikapulver

Eierfrüchte schälen, in kochendem Wasser weich kochen,
hacken. Paprikaschoten gut ausnehmen, kurz kochen,
hacken. Beides in Öl dünsten. Salz und Pfeffer und die
Eidotter dazugeben, auf den Blätterteig streichen, zusam-
menlegen, wie üblich backen. Die noch warmen Blätterteig-
stücke mit einer Buttermilch-Fleisch-Sauce servieren. Dazu
etwas Hackfleisch mit gehackter Zwiebel andünsten, mit
Buttermilch ablöschen, weiterkochen, mit Petersilie, Salz,
Paprikapulver abschmecken.

Appetitwecker auf Steak

125 g Sahnequark, Saft von 1/2 Zitrone, 2 EL gehackte
Mixed Pickles, 2 EL gehackte Zwiebel, 2 EL gehackte
Petersilie, 2 sehr fein gehackte Knoblauchzehen, Salz,
Selleriesalz, Curry, Sojasauce

Alles gut vermischen, vor dem Servieren aufs heiße Steak
geben. Beilage: Pommes frites und grüner Salat.

Toast Maurice Chevalier

2 EL Butter, 1 EL Mehl, $1/4$ l saure Sahne, 1 kleine Dose
Champignons, 125 g magerer gekochter Schinken, Salz,
Ingwer, Suppenwürze, 1 Glas Cognac, Spargelstangen,
4 Toastscheiben, Butter

Von Butter und Mehl eine helle Schwitze bereiten, mit
saurer Sahne ablöschen, mit Salz, Ingwer, Suppenwürze
und Cognac würzen. Schinken fein zerpflücken und darunterheben, ebenso die halbierten Champignons.
4 Toastbrotscheiben leicht buttern, dick mit Spargel belegen. Die Sahne-Schinken-Pilz-Sauce darübergießen und
schnell überkrusten lassen.

Käsesalat-Toast

250 g Schweizer oder Holländer Käse, 2 hartgekochte
Eier, Salz, Pfeffer, Meerrettich, etwas Zitronensaft,
1 Msp Zucker, Senf, $1/4$ l saure Sahne, gewiegte Kräuter,
8 Scheiben Weißbrot, Butter, 8 Scheiben gekochter
Schinken, 4 Tomaten

Käse in kleine Würfel schneiden. Hartgekochte Eier zerdrücken und mit Salz, Pfeffer, Meerrettich, Zitronensaft,
Zucker, Senf, Kräutern und saurer Sahne sehr gut vermischen. Den Käse daruntermischen. Weißbrot buttern,
die Käse-Sahne-Masse dick daraufgeben. Mit Schinken
überdecken. Im Rohr überbacken. Mit Tomaten garnieren.

Stockholmbrød

8 Scheiben helles Brot, 200 g Sahnequark, $1/4$ l Joghurt,
frischgemahlener weißer Pfeffer, Salz, Saft von $1/2$ Zitrone, 4 EL Lachsschnitzel, 4 EL gewürfelte frische Gurke,
4 EL gehackte Zwiebeln, 2 Matjesfilets, 5 EL Schnittlauch

Brot leicht buttern. Mit dem Lachs, den Gurken- und
Matjesfilet-Würfeln und den Zwiebeln belegen. Quark mit

Joghurt verrühren, mit Pfeffer, Salz und Zitronensaft abschmecken und daraufgeben. Dick mit Schnittlauch bestreut gleich servieren.

Schlankheits-Abendessen Hildegard

¼ l Joghurt, 1 EL Senf, Sojasauce, Salz, Zucker, 1 Banane, 3 große Äpfel, 2 Tassen gewürfelte rote Beete, 1 Gewürzgurke, 4 EL gehackter magerer roher Schinken, 2 EL gehackte Zwiebel

Joghurt mit Senf, Sojasauce, Salz und Zucker sehr pikant abschmecken. Apfel mit der Schale würfeln, die gewürfelten gekochten roten Beete, die kleingewürfelte Gurke, Schinken und Zwiebel daruntermischen. Noch einmal abschmecken. Gut durchziehen lassen und eisgekühlt zu dünn gebuttertem Toast servieren.

Pfannkuchen Zagreb

300 g Hackfleisch, 1 EL Rosenpaprika, 2 große Zwiebeln, 3 EL Öl, 6 dünne frisch gebackene Pfannkuchen, Salz, Pfeffer, ½ l Joghurt

Hackfleisch mit den gewürfelten Zwiebeln im Öl anbraten. Joghurt aufgießen, mit Paprika, Salz, Pfeffer würzen. Die Hälfte der Masse auf die Pfannkuchen streichen, zusammenrollen und in Backform legen. Die andere Hälfte der Fleischmasse darübergießen. Im Backrohr goldgelb backen.

... mit Kartoffeln und als Beigaben

Balkaneintopf

500 g Kartoffeln, 125 g Paprika, 2 große Zwiebeln, 250 g
Hackfleisch, 50 g fetter Räucherspeck, Salz, Pfeffer, Rosmarin, 1 EL Dill, 1 EL Petersilie, 2 große saure Gurken,
1/4 l Joghurt, 1 Tasse Wasser, 1 Brühwürfel

Speck ausbraten, darin Zwiebelscheiben andünsten, dann
Fleisch, Kartoffeln, Zwiebeln und Gewürze schichtweise
daraufgeben. Mit Joghurt und Brühe aufgießen, mit Salz,
Pfeffer, Rosmarin, Dill und Petersilie würzen. Vor dem
Anrichten die Gurken in Würfel schneiden und dazugeben.

Stockholmer Abend

8 Sardellenfilets, 1/4 l Sahne, 2 EL Butter, 2 EL gehackte
Zwiebeln, 8 rohe Kartoffeln, 1 EL Dillspitzen

Feuerfeste Form mit den Sardellenfilets belegen. Kartoffeln
schälen und grob raspeln, darübergeben. Sahne mit Sauce
von den Sardellenfilets, Zwiebeln und Dill verrühren, darübergeben, mit Butterflöckchen belegen. Überbacken und
sofort servieren.

Quarkdatsch'n Millstätter See

Strudelteig wie bei Quarkstrudel (siehe Seite 118) aus
250 g Mehl — 250 g Sahnequark, 250 g gekochte Kartoffeln, 2 Eidotter, 1 Zehe Knoblauch, Salz, 2 EL gehackte
frische Kräuter, 125 g Butter

Strudelteig dünn ausziehen. Quark mit den durchgedrück-

ten Kartoffeln, Salz, Eidotter, Knoblauch und Kräutern
vermischen und daraufstreichen. Den Teig zu einer Rolle
drehen, in siedendem leicht gesalzenem Wasser gar ziehen
lassen. Dann absieben, in Scheiben schneiden und mit
brauner Butter servieren.

Rahmrösti Xaver

750 g Kartoffeln, 125 g geriebener Käse, 5 EL Öl, Salz,
frischgemahlener weißer Pfeffer, 1/2 l saure Sahne

Kartoffeln schälen und grob in die Pfanne mit dem erhitzten Öl raspeln. Unter ständigem Umrühren goldbraun
braten. Salzen, mit Pfeffer sparsam bestreuen. Mit Sahne
aufgießen und noch ca. 10 Minuten garen lassen. Vor dem
Anrichten mit Käse bestreuen. Reichen Sie dazu große
Portionen frischen Salat!

Pikanter Kartoffelsalat

500 g frisch gekochte Pellkartoffeln, 1/4 l Weißwein, 1/4 l
Joghurt, Salz, Pfeffer, Estragonessig, 3 Tomaten, 1 kleine
Dose Champignons, 200 g magerer gekochter Schinken,
Zucker, Petersilie, 1 Zehe Knoblauch

Schüssel mit Knoblauchzehe ausreiben. Kartoffeln schälen,
in kleine Würfel schneiden. Tomaten und Schinken in
Streifchen schneiden, Champignons halbieren, daruntergeben. Aus Wein, Joghurt, Salz, Pfeffer, Zucker, Essig und
feingeschnittener Petersilie pikant abgeschmeckte Sauce
schlagen, darübergeben, gut durchziehen lassen.

Quarkklöße

375 g Quark, 3 Eier, 175 g Butter, 175 g Mehl

Gut verrühren und kleine Klöße formen. In Salzwasser gar
ziehen lassen.
Abwandlungen: Vor dem Kochen in Semmelbröseln wenden *oder:* gekochte Klöße in feuerfeste Form schichten,
mit Butterflocken und Semmelmehl überstreuen und überbacken.

Oberschlesische Quarkklößchen

400 g Sahnequark, 1 Msp Salz, 1 Msp Kümmel, 1 Msp
Pfeffer, 8 EL Mehl, 2 EL ausgebratene Speckwürfel, 2 EL
gehackter Dill, Semmelbrösel

Quark, Salz, Kümmel, Pfeffer, Speckwürfel und Mehl verkneten, Klöße in Semmelbrösel wenden, in Salzwasser gar
ziehen lassen. Die Butter zerlaufen lassen, Dill hineingeben und alles über die Klößchen geben. Evtl. auch hellgelb geröstete Zwiebeln darübergeben und mit Sauerkraut
servieren.

Feinschmecker-Klöße

1 kg geriebene gekochte Kartoffeln, 200 g Kartoffelmehl,
Salz, 1/4 l Joghurt, 1 Brötchen, etwas Fett und Mehl

Die noch heißen geriebenen Kartoffeln mit Kartoffelmehl
und Salz bestreuen. Kochendheißen Joghurt darübergießen
(evtl. noch etwas kochendes Wasser dazu) und rasch verarbeiten. Mittelgroße Klöße formen, in die Mitte geröstete
Weißbrotwürfel geben. In Mehl wenden und in Salzwasser
garen. Diese pikanten Klöße schmecken besonders gut als
Beilage zu Rinderbraten und Rouladen.

Quarkkroketten

500 g gekochte Kartoffeln, 300 g Sahnequark, 1 Msp
Salz, 1 Msp Muskatnuß, 2 Eidotter, 2 EL Mehl, 2 EL gehackter Schnittlauch, Semmelbrösel, Fritierfett

Gut verkneten und kleine Bällchen formen. In Semmelbröseln wälzen und in schwimmendem Fett goldbraun
backen. Zu Fleisch- oder Wildgerichten servieren.

Erzgebirgische Schusterpastete

500 g gekochte Kartoffeln, 2 Zwiebeln, 4 EL Butter, ca.
250 g Schinken- und Bratenreste, 125 g fetter geräucherter Speck, ½ l Joghurt, 1 Ei, 1 EL Mehl, Salz, Pfeffer,
Schnittlauch, Petersilie

Kartoffeln in dünne Scheiben schneiden, gewürfelten Speck
ausbraten, die Kartoffeln und die gehackten Zwiebeln
darin rösten. Ein Auflaufgefäß mit Butter ausstreichen.
Mit einer Schicht Fleisch abwechselnd auslegen. Die oberste
Schicht soll aus Kartoffeln bestehen. Joghurt mit Ei und
Mehl verquirlen, würzen, mit den gehackten Kräutern
vermischen und darübergeben. Bei mittlerer Hitze braten.
Dazu Salate servieren.

Kartoffel-Quark-Reiberli

750 g rohe geschälte Kartoffeln, 250 g Quark, 2 Eier,
2 große Zwiebeln, 2 EL Stärkemehl, Salz

Kartoffeln und Zwiebeln raffeln, mit Quark, Eiern und
Stärkemehl verrühren, mit Salz abschmecken. Schnell in
heißem Fett knusprig braten. Zu Kompott oder Salat servieren.

Kartoffelkuchen, ostpreußische Art

1 kg Pellkartoffeln, 100 g Butter oder Margarine, Salz,
200 g Mehl, 250 g Speck, 3 große Zwiebeln, 1/4 l saure
Sahne, 1 TL Kümmel

Kartoffeln durchpressen. Gut die Hälfte mit Butter, Salz
und Mehl noch warm zu geschmeidigem Teig kneten. Auf
die Größe des Backbleches ausrollen, auf gut gebuttertes
Backblech geben. Speck und Zwiebeln glasig rösten, mit
dem Rest der Kartoffeln glattrühren. Mit saurer Sahne,
Eiern, Kümmel und Salz mischen. Auf den Kartoffelteig
streichen. Bei mittlerer Hitze ca. 35 Minuten backen und
noch warm schneiden. Dazu Salat und kühles Bier.

Süßspeisen — Mehlspeisen
Desserts

Süßspeisen, aus Milch mit Früchten, Nüssen, aus Quark,
Sahne und Eis komponiert, sind nicht neu. Sicher haben
Sie selbst eine ganze Reihe alterprobter und immer neu-
geliebter Rezepte dieser Leckereien. Wir möchten Ihnen
heute rund ein halbes Hundert neuer vorstellen und hoffen,
daß ein paar davon bald zu Ihren Standardrezepten zählen
werden. Ein Tip zur guten Linie: Essen Sie ein paar Löffel
Süßspeise vor dem Essen — eben deshalb, warum Sie das
Ihren Kindern verbieten: weil es den Appetit verdirbt. Sie
werden sich plötzlich beinahe ganz gesättigt fühlen — viel
mehr, als es nach dem Kaloriengehalt eben dieser paar
Löffel zutrifft. Aber, bitte eben wirklich nur ein paar
Löffel voll. Auch wenn es noch so gut schmeckt . . .

Ananasspeise

1 Dose Ananas, 2 Likörgläser Kirschwasser, 250 g Quark,
6 EL Zucker, 1 Eigelb, einige Stücke kandierter Ingwer

Quark mit Zucker, Eigelb, Kirschwasser und Ananassaft
gut schlagen. Ananasstücke und Ingwer darunterheben.
Mit roten Früchten (Kirschen oder Erdbeeren) verzieren.

Apfelkaltschale

4 große, kräftig schmeckende Äpfel, ¼ l Joghurt, 2 EL
Honig, Zucker nach Geschmack, geriebene Schokolade

Äpfel reiben, mit Joghurt, Honig und Zucker vermischen.
Mit der geriebenen Schokolade bestreuen.

Apfelschnee

3 Äpfel, 4 EL Zucker, 1 Päckchen Vanillezucker, 1 Msp
Zimt, Saft einer Zitrone, 3 EL Arrak, ¼ l Sahne

Äpfel schälen und reiben, mit Zucker, Vanillezucker, Zimt,
Zitronensaft und Arrak verrühren. Sahne leicht süßen und
steif schlagen, sofort daruntermischen und servieren.

Bratapfelcreme

4 große Äpfel, 4 EL Rosinen, 4 EL grobgehackte Nüsse,
2 Likörgläser Rum, 125 g Sahnequark, 1 Päckchen Vanillezucker, Zucker nach Geschmack

Apfel auf einem feuerfesten Teller in der Röhre braten.
Das Apfelfleisch ausschaben und mit Quark, Vanillezucker,
Zucker und Rosinen gut verrühren. Mit Rum würzen, mit
den Nüssen bestreuen.

Apfelsinen-Speise

250 g Sahnequark, 4 EL Zucker, 3 Blutorangen, Schale
einer halben ungespritzten Orange, 3 EL geschlagene
Sahne, 3 Likörgläser Orangenlikör

Quark mit Zucker und dem Saft von 2 Apfelsinen und der
abgeriebenen Schale einer Apfelsine gut verrühren. Mit
Apfelsinenspalten und Sahneklecksen verzieren, mit Orangenlikör übergießen.

Schokoladen-Quark mit Apfelsinen

250 g Sahnequark, 3 große Apfelsinen, 4 EL Zucker, 1 EL
gehackte Nüsse, 1 Banane, 50 g Nesquick Schokoladenpulver, 2 EL geriebene Schokolade

Quark mit dem Saft eine Apfelsine, dem Zucker, den
gehackten Nüssen und dem Schokoladenpulver gut verrühren. Die übrigen Orangen in Schnitze teilen, diese noch
mehrmals auseinanderschneiden, unter die Quarkmasse
heben. Mit geriebener Schokolade bestreut und mit Bananenscheiben verziert in Schalen anrichten.

Apfelsinenschale

100 g Reis, 4 Apfelsinen, 5 EL Zucker, 4 EL Rosinen,
1/2 l Milch, 250 g Sahnequark, 1 Ei, 4 EL gehackte Haselnüsse, 1 Cognacglas Curaçao

Reis in sprudelnder Milch körnig gar kochen. Rosinen mit
dem Curaçao übergießen, gut durchziehen lassen. Quark
mit Apfelsinensaft vermischen, Zucker und Ei daruntergeben. Unter den Reis heben, auskühlen lassen und noch
einmal im warmen Rohr überbacken. Vor dem Auftragen
mit den Haselnüssen bestreuen.

Aprikosencreme

250 g getrocknete Aprikosen, Saft einer Zitrone, 1 Päckchen Vanillezucker, 8 EL Zucker, 250 g Sahnequark, 2 Likörgläser Cognac, 4 EL geriebene Schokolade

Aprikosen in wenig Wasser weich kochen, im Mixer pürieren. Mit Vanillezucker, Zucker, Zitronensaft und Quark
verrühren. Mit Cognac würzen und Schokolade bestreuen.

Bananencreme ›Susi‹

6 Bananen, 3/8 l Joghurt, 1 Päckchen Vanillezucker, 2 Likörgläser Curaçao, 4 EL Zucker, etwas Curry

Bananen zerdrücken und mit den anderen Zutaten gut verrühren, kalt servieren. Mit Bananenscheiben und gekochten Sauerkirschen verzieren.

Bunte Bananen

4 Bananen, 4 EL Brombeeren, 2 Pfirsiche, 1/2 Zitrone,
2 Likörgläser Curaçao, 4 gehäufte EL Sahnequark, 4 EL
Milch, 3 EL brauner Zucker, 1 Päckchen Vanillezucker

Bananen in Scheiben schneiden. Brombeeren zerpflücken
und darübergeben, darauf grobgehackte Pfirsiche. Mit dem
Zitronensaft und dem Curaçao marinieren. Quark mit
Milch, Zucker und Vanillezucker gut verrühren, kalt stellen.
Kurz vor dem Anrichten über die Früchte geben. Jede Por-
tion mit einer Brombeere garnieren.

Brombeercreme

1/4 l saure Sahne, 3 EL Zucker, 2 Eier, 4 EL frische Brombeeren, Brombeermarmelade, Saft von 1/2 Zitrone, 1 Likörglas Cognac, Ingwerplätzchen

Eigelb mit saurer Sahne, Zucker, den Brombeeren, Zitro-
nensaft und Cognac im Wasserbad cremig rühren. Beim
Erkalten Eiweiß unterziehen. Mit Brombeermarmelade und
Ingwerplätzchen verziert in flachen Schalen servieren.

Dattelsahne Rhodos

1/4 l Sahne, 1 Likörglas Vanillelikör, 6 EL entkernte
Datteln, 2 EL Zucker

Sahne im Mixer auf kleinster Stufe anschlagen und kurz
die Datteln dazugeben. Dann mit dem Rührgerät mit dem
Zucker und dem Likör steif schlagen. Sehr gut gekühlt servieren. Unserem Geschmack entspricht es, wenn die sehr
süße Speise mit Sauerkirschen garniert wird.

Dattel-Creme

1/2 l Milch, 3 EL Zucker, 1 Päckchen Sahnepudding, 1
Päckchen Vanillezucker, 100 g entkernte, feingeschnittene
Datteln, 2 EL gehackte Haselnüsse, 2 Eier

Aus Milch, Zucker, Vanillezucker und Puddingpulver
Pudding kochen. In die halberkaltete Speise die Datteln,
die Haselnüsse und die Eidotter unterrühren. Eiweiß zu
Schnee schlagen und darunterheben. Mit Sauerkirschen
und Sahneklecksen verzieren.

Erdbeerschale

375 g Erdbeeren, 1 Glas Rum, 125 g Sahnequark, 1/4 l
Milch, 4 EL Zucker, 2 EL Honig, 3 EL gehackte Mandeln

Erdbeeren in Scheiben schneiden, mit Rum beträufeln und
mit Zucker bestreuen, kurz ziehen lassen. Quark mit Milch
und Honig gut verrühren, kalt stellen. Kurz vor dem Anrichten Früchte mit Quark mischen.

Erdnußcreme

5 EL Erdnüsse, ungesalzen, 1/2 l Milch, 3 EL Zucker,
1 Sahne-Puddingpulver, 2 Eier, Rumtopffrüchte

Die Erdnüsse, wenn nötig, von der seidigen Schale befreien,
kurz aufrösten. Im Mixer gut mit der Milch vermengen.
Erdnußmilch mit Zucker zum Kochen bringen, angerührtes
Puddingpulver und die Eigelb dazugeben. Vor dem Erkalten steifgeschlagenen Eischnee und reichlich Rumtopffrüchte vorsichtig unter die Creme heben.

Finnische Heidelbeersuppe

1 l Milch, 6 EL Zucker, 250 g Heidelbeeren, 1 EL Stärkemehl, 1 Likörglas Wacholderschnaps, 2 Eier

Heidelbeeren unter ständigem Rühren in der gezuckerten
Milch gar kochen. Mit Stärkemehl binden, vom Feuer nehmen. Während des Erkaltens Wacholderschnaps, Eigelb
und steifen Eischnee darunterrühren.

Heidelbeer-Bombe

250 g gezuckerte Heidelbeeren, 250 g Sahnequark, 125 g
Zucker, 2 Vanillezucker, 1 Päckchen Gelatine, 1 Glas
Curaçao

Gelatine mit kaltem Wasser anrühren und zum Quellen
stehenlassen. Dann unter Rühren erwärmen, bis sie auf-
gelöst ist. Quark mit Zucker und Vanillezucker und 1 Glas
Curaçao verrühren, die heiße Gelatinelösung darunterrühren. Schichtweise mit den eingezuckerten Heidelbeeren
in eine Schale geben. Nach Erkalten stürzen.

Himbeer-Pfannkuchen

2 EL Zucker, 2 EL Honig, 8 EL pürierte Himbeeren, 2 Likörgläser Himbeergeist, 4 dünne Pfannkuchen, 1/4 l saure
Sahne

Aus der sauren Sahne, Zucker, Honig, Himbeergeist und
den durchs Sieb gegebenen Himbeeren Sauce rühren. Die
noch heißen Pfannkuchen damit bestreichen und zusammenrollen. Mit Zucker und Zimt bestreuen und die restliche Sauce darübergeben. Noch heiß servieren.

Schlemmerspeise Anatol

4 Scheiben Ananas, 2 Glas Kirschlikör, 4 Portionen Va-
nille-Eis, 6 EL Kirschkompott, 125 g Sahnequark, 3 EL
Zucker

Ananas mit dem Likör beträufeln, durchziehen lassen.
Kirschkompott und Ananassaft und Zucker mit dem Quark
verrühren und über die Ananas geben. Auf jede Ananas-
scheibe eine Eiskugel setzen.

Kastanien-Creme

125 g gebratene Eßkastanien, 1 Päckchen Vanillezucker,
3 EL Zucker, ¼ l Sahne, 3 Likörgläser Nußlikör

Im Mixer steif schlagen, sofort in Schalen servieren.

Schlemmerbecher

1 kl. Dose Sauerkirschen, 250 g Sahnequark, ¼ l Milch,
3 Eigelb, 1 Vanillezucker, 2 EL Zucker, 1 Likörglas
Kirschlikör, ½ Päckchen Sahnepudding

Aus Milch, Puddingpulver und Zucker Pudding kochen.
Sauerkirschen abtropfen lassen und mit dem Kirschlikör
marinieren. Unter den ausgekühlten Pudding Quark und
Vanillezucker rühren, dann vorsichtig die Kirschen unterheben. In flache Schalen füllen, mit einer Kirsche garnieren.

Biskuit-Leckerschale

12 Biskuits, 4 Likörgläser Kirschlikör, sehr süßer Vanille-
pudding aus ¼ l Milch, 125 g Sahnequark, 6 EL Sauer-
kirschkompott

Biskuits in die Portionsschalen legen, mit Kirschlikör tränken. Vanillezucker noch warm mit Quark und Kirschkompott verrühren, auskühlen lassen und sehr kalt stellen. Vor
dem Servieren über die Biskuits geben.

Schwarzwald-Becher

8 EL Sauerkirschenkompott, 8 Weinbrandkirschen, ¹/₄ l
geschlagene gesüßte Sahne, 4 EL Kirschgeist, 6 Mandelplätzchen, 2 EL geriebene bittere Schokolade

In Portionsschalen schichtweise das entkernte Kompott, die
zerbröckelten Mandelplätzchen und die Sahne geben. Die
Sahne wird mit Vanillezucker und Kirschgeist steif geschlagen, dann die Weinbrandkirschen darunterheben. Mit
geriebener Schokolade bestreut sehr kalt servieren.

Traum von der Südsee

Eine halbe Kokosnuß, ¹/₄ l Sahne, 1 kleine Dose Ananas,
2 Likörgläser Rum, 1 Likörglas Cointreau, 3 EL Zucker,
1 Tasse Früchte nach Jahreszeit

Sahne steif schlagen und kalt stellen. Kokosfleisch würfeln,
mit den Früchten mit Zucker und Rum übergießen und
ziehen lassen. Kurz vor dem Anrichten die Ananasstücke
und Cointreau darunterrühren, die Sahne vorsichtig dazugeben. In die Kokosschale füllen und mit Früchten garnieren.

Maronensauce

125 g gebratene Eßkastanien, ¹/₂ l Milch, 1 Päckchen Vanillesauce, 2 Eier, 4 EL Zucker, 1 Likörglas Armagnac

Kastanien pürieren, mit Zucker unter die Milch rühren und
kochen lassen. Vanillesaucenpulver und Eigelb dazugeben.
Das steifgeschlagene Eiweiß und den Armagnac unter die
noch heiße Sauce rühren. Zu kräftigem Schokoladenpudding servieren.

Gefüllte Melone

1 mittelgroße Wassermelone, 250 g Sahnequark, 1 Zitrone, 1 Apfelsine, 250 g Erdbeeren, Himbeeren oder
Pfirsiche, Zucker nach Belieben, 4 Likörgläser Himbeergeist

Melone waschen, den Deckel abschneiden und das Frucht-
fleisch herausholen. Melonenfleisch würfeln. Quark mit
dem Saft der Zitrone, der gewürfelten Apfelsine, den Me-
lonenwürfeln und dem übrigen Obst verrühren, nach
Belieben süßen, mit Himbeergeist würzen. In die Melone
zurückfüllen, gut gekühlt servieren.

Pampelmusencreme Haifa

2 Pampelmusen, 250 g Sahnequark, 6 EL Zucker, 2 EL
Rum, 1 Apfelsine, 2 EL gehackte Haselnüsse

Pampelmusen teilen und am Rand sternförmig einschneiden. Im Backofen etwa 15 Minuten grillen. Das Fleisch
herausnehmen und mit dem Quark verrühren, mit Zucker
und Rum würzen. Mit Orangenscheiben verzieren und mit
Nüssen bestreuen.

Pampelmusen-Kaltschale

375 g Sahnequark, 1 Pampelmuse, 4 EL Zucker, 4 EL
Honig, 6 EL Sauerkirschen-Kompott

Sahnequark mit Zucker und Honig gut verrühren. Die
Sauerkirschen und das gewürfelte Pampelmusenfleisch
vorsichtig unterheben. Mit Sauerkirschen garnieren. Dazu
den Sauerkirschensaft reichen.

Schneewittchen

³/₈ l Joghurt, die Hälfte der Menge gut gesüßtes Preiselbeerkompott, etwas Rum, 2 Eier, 1 Zitrone, 3 Blatt gelöste Gelatine, 1 Päckchen Vanillezucker

Joghurt mit Eigelb, Zitronensaft, Zucker, Vanillezucker
und der gelösten Gelatine vorsichtig verrühren. Wenn die
Masse dick ist, Eischnee unterheben. Preiselbeerkompott
mit Rum würzen. In ein Glas je eine rote und weiße Schicht
abwechselnd einfüllen. Mit einer Kirsche garnieren.

Quittenwolke

500 g Quitten, 5 EL Zucker, 2 Likörgläser Vanillelikör,
Pudding nach Vorschrift aus ¹/₄ l Milch

Quitten schälen, kleinschneiden (ohne Kernhaus) und sehr
weich kochen. Mit Zucker und Vanillelikör cremig rühren.
Unter den halberkalteten Pudding geben.

Rhabarber-Schaum

250 g Rhabarber, 3 EL Zucker, 1 Päckchen Vanillesaucenpulver, 1 Likörglas Cognac, ¹/₄ l Schlagsahne

Rhabarber mit Zucker und sehr wenig Wasser weich
kochen. Dann das angerührte Saucenpulver und Cognac
daruntergeben. Nach dem Auskühlen die eiskalte geschlagene Sahne unterheben.

Maienschaum

1/4 l Milch, 1/2 Päckchen Vanillepuddingpulver, 2 EL geriebene Mandeln, 2 EL Zucker, 1/4 l gesüßte Schlagsahne,
1 Handvoll frischgepflückte Veilchen

Ein *original französisches Rezept* ist diese aparte Süßspeise: Aus Milch, Vanillepuddingpulver und Zucker
Pudding kochen. Während des Erkaltens öfter umrühren,
dann die Mandeln, die Sahne und die Blütenköpfe der
Veilchen sehr vorsichtig unterziehen. Im Kühlschrank eine
gute Viertelstunde ziehen lassen.

Zitronencreme

2 Eier, Saft einer Zitrone, 1 Päckchen Gelatinepulver,
1/2 l saure Sahne, 4 EL Zucker, 50 g geriebene Schokolade,
einige Sauerkirschen

Zitronensaft mit Zucker, saurer Sahne und Eigelb vorsichtig erhitzen. Mit dem Gelatinepulver nach Anweisung
andicken, steifen Eischnee darunterheben. In Portionsschalen füllen, mit Sauerkirschen garnieren. Vor dem Servieren dick mit geriebener Schokolade bestreuen.

Kaffee-Creme

(nichts, wenn Sie abnehmen wollen!)

1/2 l geschlagene Sahne, 3 EL Mokkalikör, 3 EL Neskakao,
2 EL Puderzucker

Kurz vor dem Servieren Likör, Kakao und Zucker unter die
eiskalte geschlagene Sahne heben.

Klassische Charlotte Russe

1/4 l Sahne, 125 g Zucker, 5 Eidotter, 1 Päckchen Vanillezucker, 1 Päckchen Gelatine, Biskuits

Die Hälfte der Sahne mit Zucker, Vanillezucker und den
Eidotter im Wasserbad zu einer Creme schlagen. Dann
Gelatine nach Anweisung daruntermischen. Nach dem
Erkalten Rest der Sahne steif schlagen und daruntergeben.
Eine Form mit Mandelöl auspinseln, mit Biskuits auslegen.
Diese mit Kirschwasser tränken und darauf die Sahne-
masse geben. Eisgekühlt servieren.

Westfälischer Schlagrahm

1/4 l Sahne, 3 EL feingeriebener Pumpernickel, 3 EL gehackte kandierte Früchte, 2 Likörgläser Maraschino, 2 EL
Staubzucker, Cocktail-Kirschen zum Verzieren

Sahne steif schlagen, die übrigen Zutaten unterheben. In
Portionsschälchen geben, mit Cocktailkirschen verzieren
und im Kühlschrank leicht frieren lassen.

Apfelsinen-Eis

Saft von 3 Orangen, Schale von 1/2 Orange, 5 EL Zucker,
1 Likörglas Rum, 1/2 l Milch, 1/4 l geschlagene Sahne,
3 EL geriebene Schokolade, 2 Eigelb

Zucker mit Eigelb verrühren, mit Orangensaft und -schale,
Milch und Rum im Wasserbad zu einer Creme rühren. Bis
zum Erkalten immer wieder rühren. Dann die Schlagsahne
daruntergeben, im Tiefkühlfach in Portionsschälchen gefrieren lassen. Vor dem Servieren mit geriebener Schokolade bestreuen.

Tee-Eis

3 EL Tee, 1 Tasse Wasser, ¼ l Sahne, 4 EL Zucker, 2
Apfelsinen, 2 Likörgläser Curaçao

Tee mit Wasser aufbrühen und gut durchziehen lassen,
absieben. Abkühlen lassen und unter die süße steifgeschlagene Sahne mischen. Apfelsinen zerpflücken, mit Zucker
bestreuen und mit Curaçao übergießen, in Portionsschalen
geben und die Teesahne daraufhäufen. Im Gefrierfach gut
gefrieren lassen.

Eisschokolade

½ l Milch, 1 Päckchen Vanillesaucenpulver, 3 EL Kakao,
2 Likörgläser Cognac, 4 Kugeln Vanilleeis, geriebene
Schokolade, 4 EL Zucker

Von Milch, Saucenpulver und Zucker Vanillesauce kochen.
Kakao mit 3 EL Milch anrühren und daruntergeben, noch
einmal aufkochen lassen. Nach dem Erkalten Cognac unterrühren, in Sektkelche füllen. Auf jede Portion eine Kugel
Vanilleeis setzen, mit geriebener Schokolade dick bestreuen.

Süßer Eisberg

¼ l Milch, ⅛ l Kirsch- oder Heidelbeerlikör, 4 Kugeln
Vanilleeis, einige Maraschinokirschen oder anderes gekochtes Obst

Milch und Likör gut mischen und in Schalen füllen. Auf
jede Portion eine Kugel Eis. Mit Obst garnieren.

Gold-Dessert

½ l Milch, 2 EL Grieß, 2 EL Zucker, 1 Päckchen Vanillesaucenpulver, 8 EL Eierlikör, 1 Ei, Früchte zum Verzieren

Aus Milch, Grieß, Zucker und Vanillesaucenpulver halb-
steifen Flammeri kochen. Eigelb, Eischnee und Eierlikör
unterziehen. Mit Früchten garnieren.

Teecreme

1 Tasse sehr starker Tee, Saft einer Orange, 3 EL Zucker,
1 Likörglas Rum, 1 Päckchen Gelatine-Pulver, ⅛ l Sahne

Tee mit Zitronensaft und Zucker aufkochen. Gelatine nach
Anweisung auflösen und darunterrühren. Rum dazugeben.
Sahne steif schlagen und unter die erkaltete Teemasse
heben. Sehr kalt servieren.

Österreichische Reistorte

1 Tasse Reis, 250 g Quark, ¼ l Buttermilch, 2 Päckchen
Vanillepuddingpulver, 1 Tasse Zucker, 4 Eier, 2 TL Vanillezucker, Saft und Schale einer Zitrone, 2 Tassen Milch

Reis in 1 l kochendem Zuckerwasser mit Zitronenschale
auf schwacher Flamme weich sieden, auf Sieb abtropfen
lassen. Quark, Buttermilch und Zucker verrühren. Vanillepuddingpulver anrühren und mit der Milch unter ständigem Rühren zu einem dicken Brei kochen; unter die Quarkmasse geben. Eidotter und Zitronensaft und das zu Schnee
geschlagene Eiweiß und den ausgekühlten Reis darunterheben. In eine Form füllen und gut auskühlen lassen. Zu
Obst oder Himbeersaft servieren.

Milchreis

1 l Milch, 250 g Reis, Zitronenschale, 100 g Zucker, 50 g
Rosinen

Den Reis und die Gewürze in die kochende Milch geben,
mit milder Wärme ausquellen lassen, in den letzten 5 Minuten die gewaschenen Rosinen dazu geben. Dazu gibt's
Kompott oder auch Zimtzucker.

Milchreis für Männer

125 g Reis, ¼ l Buttermilch, 1 Zitrone, 1 Gewürznelke,
6 EL Zucker, 4 EL Rosinen, 2 Äpfel, 3 Likörgläser Calvados, Cocktailkirschen

Reis in wenig Wasser kurz aufquellen lassen, dann Wasser
abgießen. Wieder aufgießen mit Buttermilch. Etwas unge-
spritzte Zitronenschale, Gewürznelke, Zucker, Rosinen
dazugeben und zum Kochen bringen. In warmer Röhre
gar quellen lassen. Der Reis ist nun sehr schön trocken.
Äpfel reiben und darunterheben. Mit Zitronensaft und
Calvados würzen. Mit Cocktailkirschen verzieren.

Türkischer Reispudding

125 g Reis, 1 l Milch, ¼ l süße Sahne, 4 EL Zucker, 3 EL
gehackte Mandeln, 3 EL gehacktes Zitronat, 1 Vanille-
pudding-Pulver

Reis in der Milch weich kochen. Dann in einem Tuch sehr
gut auspressen. Die Reismilch mit Zucker, Vanillezucker
und Puddingpulver abkochen. Während des Erkaltens
Mandeln und Zitronat unterrühren. Geschlagene Sahne
unterheben. Der Pudding darf sehr süß sein. Dazu wird
bitterer Mokka serviert.

Grießpudding, pikant

¹/₄ l Milch, Grieß, 2 Eier, 1 Zitrone, 8 EL Zucker, ¹/₄ l Joghurt, 1 Päckchen Vanillezucker

Aus ¹/₄ l Milch, 4 EL Zucker und dem Grieß sehr steifen Brei kochen. Noch heiß die beiden Eigelb unterziehen. Eiweiß mit 4 EL Zucker und Vanillezucker steif schlagen, Joghurt vorsichtig daruntermischen. Alles unter den warmen Grießbrei heben. Dazu gesüßten Grapefruitsaft oder nach Geschmack Himbeersaft reichen.

Jamaika-Creme

1 Päckchen Gelatine, 4 Cognacgläser echter Rum, 4 EL Zucker, 2 Eigelb, ¹/₄ l Sahne

Rum mit Eigelb und 2 EL Zucker gut verrühren, die Hälfte der gelösten Gelatine daruntergeben. Sahne steif schlagen und den Gelatinerest dazurühren, damit die Sahne steif bleibt. Die Rummasse unter die Sahne heben und eisgekühlt in Sektschalen servieren.

Walnußcreme Andrew

250 g Sahnequark, 3 EL Zucker, 1 Päckchen Vanillezukker, ¹/₄ l Milch, 5 EL gehackte Walnüsse, 2 Likörgläser Curaçao, ca. 10 ganze Walnüsse, 2 EL Honig

Quark mit Zucker, Vanillezucker und Milch abrühren, in Schälchen füllen. Die gehackten Nüsse mit Curaçao und Honig gut durchziehen lassen, in die Mitte der Quarkcreme geben. Mit ganzen Nüssen verzieren.

Nußquark

250 g Sahnequark, 4 EL gehackte Nüsse, 4 EL Zucker,
1 Päckchen Vanillezucker, 1 Likörglas Curaçao

Quark mit Zucker, Vanillezucker und Curaçao verrühren.
Nüsse bei kleiner Hitze anrösten. Zwischen zwei Lösch-
blättern entfetten, daruntergeben. Sie können dazu eine
kräftige Vanille- oder Schokoladensauce servieren.

Flammende Nußcreme

1/2 l Milch, 1 Päckchen Sahnepudding, 3 EL Zucker, 6 EL
gehackte Haselnüsse, 6 EL hochprozentiger Rum, 2 Eier

Aus Milch, Puddingpulver und Zucker Flammeri kochen.
Die Nüsse in der Pfanne leicht rösten und darunterrühren,
ebenso die Eigelb und das geschlagene Eiweiß. Erkalten
lassen. Vor dem Servieren mit dem leicht angewärmten
Rum übergießen, anzünden und flammend auf den Tisch
bringen.

Fürst-Pückler-Bombe

250 g Sahnequark, 1/2 l Milch, 1 Ei, 1 Päckchen Vanillezucker, 1 Likörglas Zitronenlikör, 200 g Erdbeeren oder
Himbeeren, 50 g geriebene Schokolade, 5 EL Zucker

Quark mit der zu Pudding verkochten Milch gut verrühren.
Die Masse in drei Teile teilen. Erstes Drittel mit Zitronen-
likör würzen und als dünne Schicht in Schälchen geben.
Zweites Drittel gut mit dem Obst vermischen, darauf-
füllen. Rest mit der Schokolade vermengen. Die dunkle
Schicht schließt ab. Sehr kalt servieren.

Prager Quarkauflauf

250 g Sahnequark, 3 EL Zucker, 2 EL geriebene Mandeln,
2 geriebene bittere Mandeln, 3 Eier, 1 Vanillepuddingpulver, 1/2 l Milch, 1 Likörglas Curaçao, Schale von 1/2
Orange, 1 EL Grieß, 50 g Zitronat

Alles gut verrühren (außer Eischnee). Eischnee zum
Schluß vorsichtig unterziehen. Bei milder Flamme gut 30
Minuten backen.

Quark-Baisers

4 Baisers, 250 g Sahnequark, 2 Apfelsinen, 1 Päckchen
Vanillezucker, 1 EL Honig, 2 EL Zucker, 1 Likörglas Zitronenlikör, 4 Kugeln Schokoladeneis

Je Schale 1 Baiser mit etwas Zitronenlikör beträufeln.
Quark mit Apfelsinensaft, Vanillezucker, Zucker und
Honig verrühren, darübergeben. Jede Portion wird von
einer Kugel Schokoladeneis gekrönt.

Bunter Quarkbecher

250 g Sahnequark, 1/4 l Milch, 1/2 Päckchen Puddingpulver, 4 EL Zucker, 4 EL Nesquick Schokoladenpulver, 1 EL
Rum, 250 g Obst oder Kompott

Aus Milch, Puddingpulver und Zucker Flammeri kochen.
Kalt werden lassen. Dann Quark darunterrühren. Die
Masse teilen. Die eine Hälfte der Masse mit Rum und den
Früchten verrühren, die andere mit Schokoladenpulver.
Schichtweise in Sektgläser füllen. Mit Früchten garnieren.

Quarkcreme

250 g Sahnequark, 2 EL Cocktailkirschen, 2 EL gehacktes
Orangeat, 2 EL grobgehackte Mandeln, 1 Likörglas
Arrak, 4 EL Zucker, ¹/₈ l Milch, frisches Obst nach
Geschmack

Alles gut verrühren, gut gekühlt servieren.

Amerikanischer Pudding

12 Scheiben Zwieback, 2 Likörgläser Kirschlikör, 500 g
Sahnequark, 4 EL Zucker, 1 Päckchen Vanillezucker, 2
Eigelb, 1 Sahnepuddingpulver, Saft und Schale von ¹/₂
Zitrone, 2 EL Butter

Feuerfeste Form mit der Hälfte des Zwieback auslegen (die
Stücke dürfen auch gebrochen werden). Mit Likör beträufeln. Quark mit Zucker, Vanillezucker, Eigelb, Puddingpulver und Zitronensaft und -schale verrühren, darauffüllen. Mit restlichem Zwieback bedecken, wieder mit Likör
besprengen. Mit Butterflöckchen belegen und in der nicht
zu heißen Backröhre ca. 45 Minuten backen. Sie können
den Pudding kalt oder warm essen.

Quarkschmarren

¹/₂ l Buttermilch, 250 g Quark, 3 alte Brötchen, 2 EL Rosinen, ¹/₂ Sahnepuddingpulver, 2 EL gehackte Nüsse,
4 EL Zucker, etwas Curaçao, Zucker und Zimt zum Bestreuen, Fett zum Ausbacken

Brötchen mit Buttermilch einweichen, dann mit dem Quark,
den Rosinen und Nüssen, Puddingpulver, Zucker und
Curaçao gut verkneten. In der Pfanne verteilen und im
Rohr ca. 15 Minuten stocken lassen. Dann auf dem Herd
mit Fett unter dauerndem Wenden goldbraun backen. Mit
Zucker und Zimt bestreut zu Kompott servieren.

Wiener Ofenschlupferl

1/2 l Buttermilch, 3 Brötchen, 2 Eier, 5 EL Zucker, 1 Päckchen Vanillezucker, 250 g Quark, etwas geriebene Zitronenschale, 6 EL Sultaninen, 3 Äpfel, 2 EL Butter

Quark mit der Hälfte des Zuckers und der Zitronenschale
verrühren. Äpfel schälen und schnitzeln. In eine gefettete
Form schichtweise die geschnittenen Brötchen, Sultaninen,
Äpfel und Quark geben. Die oberste Schicht sollen Brötchen sein. Milch mit den Eiern, Zucker und Vanillezucker
verquirlen, darübergießen. Mit Butterflöckchen belegen
und goldbraun backen.

Kartoffelpudding à la Großmama

4 Eier, 160 g Zucker, 1 EL Zitronensaft, 150 g geriebene
gekochte Kartoffeln, 1 EL Zitronenschale, 20 g geriebene
Mandeln, 20 g Mehl, 1/2 l Milch, 100 g Schokolade, 2 Eidotter für den Guß

Aus den Eiern, dem Zucker, Zitronensaft und den Kartoffeln Teig rühren. Zitronenschale, Mandeln und Mehl dazugeben. In Puddingform geben und kochen lassen.
Aus Milch und Schokolade und Eidotter im Wasserbad
Sauce rühren, über den Pudding geben. Sehr gut zusammen durchziehen lassen.

Joghurt-Vanillesauce

2 Päckchen Vanillezucker, 2 Eigelb, 3/8 l Joghurt, 3 EL
Zucker, 3 Likörgläser Eierlikör

Alles gut verrühren, kalt stellen. Schmeckt wunderbar zu
Roter Grütze, Wackelpeter, Schokoladenpudding.

Sauce à la Provence

125 g Sahnequark, ¹/₄ l Marsala, 2 EL Johannisbeergelee,
¹/₄ l Vanillesauce

Alle Zutaten gut verrühren. Schmeckt vorzüglich zu Va-
nille-Pudding oder Milchreis.

Sahnekaramellen

200 g Zucker, ¹/₂ l Milch, 100 g Butter, 2 EL Honig, 2
Päckchen Vanillezucker

Zucker unter ständigem Rühren flüssig werden lassen.
Dann Milch dazugeben, ca. 10 Minuten weiterkochen, dabei stets rühren! Dann Honig, Butter, Vanillezucker dazugeben und so lange kochen, bis die Masse dick wird. Bitte,
größte Vorsicht, daß sie nicht anliegt! Auf gefettetes Per-
gamentpapier streichen und, wenn die Masse halbfest ist,
in bonbongroße Würfel schneiden.

Mehlspeisen

Apfelküchlein

¹/₄ l Joghurt, 125 g Mehl, 3 Eier, 5 EL Zucker, 5 EL geriebene Nüsse, 3 EL Rum, 2 Päckchen Vanillezucker, 500 g saure Äpfel, 4 EL Rosinen, 10 EL Palmin. Zum Bestreuen: 3 EL Zucker, 1 EL Zimt

Rosinen mit Rum gut durchziehen lassen. Joghurt mit Mehl, den Eiern, Zucker, den geriebenen Nüssen und dem Vanillezucker gut verrühren. Äpfel schälen und grob raffeln, mit den Rosinen unter den Teig mischen und in der Pfanne goldbraun backen. Heiß mit Zucker und Zimt bestreut servieren. Durch den Joghurt wird der Omelett-Teig besonders schmackhaft.

Quarkstrudel, steiermärkisch

250 g Mehl, 1 Ei, ¹/₈ l Wasser, etwas Salz, 500 g Quark, 1 Vanillepuddingpulver, 5 EL Zucker, Abgeriebenes einer Orange, 2 EL Rosinen, 2 EL Mohn, ¹/₄ l saure Sahne

Aus Mehl, Ei und Wasser Strudelteig bereiten und sehr fein ausziehen. Quark mit Zucker, Puddingpulver, Zitronenschale, Rosinen und Mohn verrühren und daraufstreichen. Zusammenrollen und ca. 40 Minuten im Rohr bei mittlerer Hitze goldbraun backen. Während der Backzeit erst mit Butter bestreichen und dann mit der sauren Sahne übergießen. Dieser Strudel ist als Hauptmahlzeit gedacht.

Ostpreußische süße Quarkklöße

500 g Sahnequark, 3 Eier, geriebenes Weißbrot, Butter,
Zimt, Zucker

Quark mit den Eiern und geriebenem Brot, soviel die Masse
aufnimmt, um noch geschmeidig zu sein, gut verkneten.
Kleine Klöße formen und in leichtem Salzwasser garziehen
lassen. Vor dem Anrichten mit zerlassener Butter begießen,
mit Zimt, Zucker und Kompott servieren.

Salzburger Nockerln

$^1/_4$ l Sahne, 3 Eier, 4 EL Puderzucker, 1 Päckchen Vanillezucker, 6 EL Mehl — *für die Sauce:* noch $^1/_4$ l Rahm, 2 EL
Zucker, 1 Päckchen Vanillesauce

Eiweiß zweimal schaumig schlagen (einmal stehen lassen,
es etwas zusammenfallen lassen, und dann noch einmal mit
dem Zucker und dem Vanillezucker schlagen). Nun Eigelb
und Mehl daruntergeben. Sahne in feuerfester Form heiß
werden lassen, teelöffelweise den Teig hineinsetzen und bei
kleiner Flamme ca. 10 Minuten im Rohr dünsten lassen.
Vorsichtig mit einem Löffel die Nockerln herausheben. In
den Topf noch Sahne nachfüllen, mit Zucker zum Kochen
bringen, mit Vanillesaucenpulver binden, heiß servieren.

Ungarische Marillen-Klöße

2 Eier, 2 EL Butter, 2 EL Zucker, 1 Msp Zimt, 1 Pr Salz,
250 g Sahnequark, 300 g Mehl, etwas Kuchenbrösel,
250 g Aprikosen (Marillen), Würfelzucker, ca. 1 Likörglas Rum

Eier mit Butter, Zucker, Salz und Zimt, Quark und Mehl
verkneten. Kleine Bällchen vom Teig nehmen, in die Mitte
eine Grube drücken. Aprikosen waschen, entkernen und in
jede Frucht ein mit Rum getränktes Stück Würfelzucker geben. In den Quarkteig drücken. Klöße formen und in leichtem Salzwasser gar kochen.

Kuchen, Torten, Kleingebäck

Quark-Ölteig

250 g Sahnequark, 6 EL Öl, 1 Ei, 4 EL Zucker, 1 Päckchen
Vanillezucker, etwas Salz, 375 g Mehl, ½ Päckchen
Backpulver

Alle Zutaten gut verkneten. Dieser Teig läßt sich gut für
Streußelkuchen, alle Obstkuchen oder Mohnkuchen verwenden.

Schlesische Mohnküchlein

375 g Mehl, 3 Eier, 125 g Zucker, 1 Päckchen Vanillezucker, 250 g Sahnequark, 4 EL gemahlene Mandeln,
4 EL Butter, 1 TL Backpulver — *für die Füllung:* 250 g
Mohn, ¼ l saure Sahne, 2 Eier, 125 g Zucker, etwas Zimt

Aus Mehl, Eiern, Zucker, Vanillezucker, Butter, Mandeln,
Backpulver und Quark schnell Teig kneten, ½ cm dick
ausrollen und mit heißer Butter bestreichen. Vierecke aus-
schneiden. Gemahlenen Mohn mit der heißen Milch, Eiern,
Zucker und Zimt verrühren und auf die Teigstücke streichen. Alle Ecken des Teiges in die Mitte schlagen, ca. 1
Stunde backen und mit Rumglasur bestreichen.

Besoffene Pfirsichkrapfen

4 Pfirsiche, 6 EL Zucker, Rum, 5 EL Puderzucker, 125 g
Mehl, 125 g Quark, 125 g Butter, 1 Päckchen Vanillezucker, 2 Msp Backpulver, 1 Pr Salz, 1 Eidotter — Zucker-
glasur

Quark, Butter, Vanillezucker, Salz, 2 EL Zucker und das
mit dem Backpulver vermischte Mehl schnell verkneten,

ausrollen. Pfirsiche halbieren. Aus dem Teig Kreise aus-
stechen, die ca. 3 cm mehr Durchmesser als die Pfirsichhälften haben.
Pfirsichhälften in einem Sud aus wenig Wasser, 4 EL Zukker und viel Rum ca. 10 Minuten durchziehen lassen. Dann
auf die Teigplätzchen setzen. Ein zweites Teigstück dar-
überlegen, an den Rändern mit Eigelb bestreichen, zusam-
mendrücken und goldbraun backen. Dann mit einer kräf-
tigen Rum-Zuckerglasur bestreichen. Möglichst frisch servieren.

Tilsiter Quark-Waffeln

250 g Mehl, 250 g Sahnequark, 125 g Butter, 3 Eier,
3 EL Zucker, 1 Msp Zimt, etwas Salz, 1 Msp Backpulver

Alle Zutaten gut verkneten, im heißen Waffeleisen backen.

Quarkkeulchen von Großmamas Kaffeetafel

250 g Mehl, 1 EL Hefe, 500 g Sahnequark, 125 g Rosinen,
4 Eier, 2 Eidotter, 2 EL Rum, etwas geriebene Zitronenschale, 50 g Butter, 1/2 l warme Milch, etwas Salz

Alles in einer Schüssel zu einem Hefeteig verarbeiten. Gehen lassen, Klößchen in Ei-Größe formen. An warmem Ort
auf eine mehlbestäubte Serviette setzen, mit einem Tuch
bedecken. Wenn die Nudeln noch einmal gegangen sind, in
schwimmendem Fett ausbraten und mit Zucker und Zimt
bestreut servieren.

Quark-Sandkuchen

4 Eier, 100 g Butter, 150 g Sahnequark, 200 g Zucker,
1 Päckchen Vanillezucker, 1 Likörglas Cognac, 1 Msp geriebene Zitronenschale, 200 g Mehl, 1/2 Päckchen Backpulver

Butter schaumig rühren. Quark, Eier, Zucker, Cognac, Vanillezucker und Zitronenschale dazugeben und alles tüchtig
schlagen. Zuletzt das mit dem Backpulver durchgesiebte
Mehl unterheben. Goldbraun backen.

Grieß-Quarkkuchen

4 Eier, 125 g Zucker, 500 g Sahnequark, 250 g Grieß,
1 Msp Backpulver, 2 Päckchen Vanillezucker, 50 g Butter,
50 g Rosinen, 50 g gehackte Mandeln, 50 g Zitronat, 1
Zitrone, etwas Salz

Alles (außer Eiweiß) gut verrühren, zuletzt steifgeschlage-
nes Eiweiß unterziehen. In Springform bei mäßiger Hitze
ca. 45 Minuten backen.

Bayerischer Quarkstollen

500 g Quark, 500 g Mehl, 2 Eier, abgeriebene Schale von
1/2 Zitrone, 150 g Zucker, 3 EL Rosinen, 3 EL Zitronat
und Orangeat, 1 Päckchen Vanillezucker, 1 Päckchen
Backpulver, 1 Pr Salz, 2 EL geriebene Mandeln

Alles gut verkneten, einen Stollen formen, mit Eigelb bestreichen und ca. 45 Minuten im Bratrohr backen. Noch
heiß mit Butter bestreichen, mit einem Gemisch von Puder-
und Vanillezucker dick bestreuen.

Quarkkuchen nach Omas Rezept

150 g Sahnequark, 100 g Butter, 50 g Zucker, 100 g Mehl,
1 Pr Salz, Schale von 1/2 Zitrone, 2 Eier, 50 g Zucker,
40 g geriebene Nüsse, 1 EL Rum, 500 g Äpfel für den
Belag

Aus Quark, Butter, Zucker, Mehl, Salz und Zitronenschale
Teig kneten und 1 Stunde ruhen lassen. Kleinfingerdick
ausrollen, auf ein Backblech geben und mit Apfelschnitzen
belegen. Die Eier trennen. Eischnee schlagen, dann die Dotter, Zucker, Nüsse und Rum dazugeben und die Masse auf
die Apfelscheiben streichen. Mit grobem Zucker bestreuen
und langsam backen lassen.

Schwäbischer Quarkkuchen

1/2 l Milch, 3 EL Zucker, 1 Päckchen Vanillepuddingpulver, 250 g Quark, 1 Ei, 2 EL Rosinen, 1 Päckchen Vanillezucker, 1 EL Butter; 100 g Butter, 100 g Zucker, 150 g
Mehl, 1 Ei, 1/2 Päckchen Backpulver zum Teig

Butter, Zucker, Mehl, Ei und Backpulver zum Teig verkneten, hellbraun backen. Milch mit Zucker und Puddingpulver zum Pudding kochen. Bis zum Erkalten mit dem Quark,
dem Eigelb und dem geschlagenen Eiweiß, den Rosinen,
Vanillezucker und flüssiger Butter durchrühren. Auf den
Boden (oder eine dünne Schicht Biskuitboden) geben, noch
ca. 15 Minuten überbacken.

☆

Quarktorte Meißen

1/4 l Milch, 1/4 l Sahne, 1 Stückchen Vanille, 1/2 Päckchen
Vanillepuddingpulver, 5 EL Zucker, 1/2 Päckchen Gelatine, 250 g Quark, 1 Likörglas Cointreau

Aus Milch, Zucker, Vanille und Puddingpulver Pudding
kochen. Quark mit der steifgeschlagenen Sahne und der
Gelatine vermischen, mit dem Likör sehr vorsichtig mit
dem Pudding verrühren.
Einen dünnen Biskuitboden passend in Ihre Springform
schneiden, mit Preiselbeerkompott, gutem Gelee oder Erdbeeren belegen und darauf die Quark-Creme streichen.
Im Kühlschrank noch völlig erstarren lassen, dann vorsichtig aus der Form lösen. Rand mit geriebenen Mandeln ab-
streuen, sofort servieren.

Quarktorte Riz

1 dünner Biskuitboden, 1/4 l Milch, 1/2 Päckchen Sahne-
Puddingpulver, 1 EL Zucker, 100 g bittere Schokolade,
250 g Quark, 2 Päckchen Vanillesaucenpulver, 3 EL Zukker, 4 Eier, 250 g Johannisbeeren und nochmals ca. 6 EL
Zucker

Springform mit einem dünnen Biskuitboden auslegen.
Milch mit 1/2 Päckchen Puddingpulver und 1 EL Zucker zu
Pudding kochen. Noch heiß geriebene Schokolade unterrühren und auf den Biskuitboden streichen.
2. Schicht: Quark mit Vanillesaucenpulver, Zucker und Eigelb gut verrühren.
3. Schicht: Eiweiß mit Zucker zu steifem Schnee schlagen,
Johannisbeeren unterheben.
Alles ca. 20 Minuten überbacken. Nach dem Abkühlen vor
dem Servieren mindestens 1/2 Stunde in den Kühlschrank
geben.

Haselnuß-Quarktorte

4 Eier, 2 EL Wasser, 4 EL Zucker, 100 g Mehl, 1/2 Päckchen Backpulver, 600 g Sahnequark, 6 EL Zucker, 1 Zitrone, 1 Päckchen Vanillepuddingpulver, 6 EL gehackte
Haselnüsse

Aus 1 Ei, 2 EL Wasser, 4 EL Zucker, Mehl und Backpulver
Teig kneten und damit Springform auslegen. Ca. 10 Minuten backen. Aus Quark, Zucker, Zitronensaft und dem Abgeriebenen einer Zitrone, Puddingpulver und den restlichen 3 Eigelb Teig rühren, evtl. mit etwas Milch flüssiger
machen. Haselnüsse schnell abrösten und daruntergeben.
Alle 4 Eiweiß steif schlagen und unterziehen. Alles auf den
vorgebackenen Boden geben, noch einmal ca. 30 Minuten
überbacken.

Quarktorte Henriette

Tiefkühlblätterteig, 2 Eier, 125 g Zucker, 1 Päckchen Vanillezucker, Saft und Schale einer Zitrone, 500 g Quark,
1 Päckchen Gelatine, 1 Dose Obstsalat, 1 Likörglas Cointreau, 1/4 l Sahne, 3 EL gehackte Nüsse

Aus Tiefkühlblätterteig Boden backen. Eier mit Zucker, Zitronensaft und -schale, Quark und der nach Anweisung
vorbereiteten Gelatine verrühren. Obstsalat, Likör und
Nüsse darunterheben und einige Minuten fest werden lassen. Dann die geschlagene Sahne daruntergeben und die
Masse schnell auf den mit Marmelade bestrichenen Boden
füllen. Nun noch in der Form im Kühlschrank erstarren
lassen.

Rhabarber-Torte

125 g Butter, 125 g Zucker, 3 Eier, 1 Päckchen Vanillezucker, 125 g Mehl, 1 Msp Backpulver, 500 g Rhabarber,
250 g Sahnequark, 100 g Zucker, $^1/_2$ Zitrone, 1 EL Stärkemehl

Butter, Zucker, Mehl, 1 Ei, Vanillezucker und Backpulver
verkneten, ausrollen und eine Springform damit belegen.
Kleinen Rand stehen lassen. Rhabarber schälen, in 1 cm
große Stückchen schneiden und auf den Teig legen. Quark
mit Zucker, 2 Eiern, Saft und geriebener Schale von $^1/_2$ Zitrone und Stärkemehl verrühren, darübergeben. Ca. 1
Stunde backen.

Quarktorte ohne Teig

125 g Butter, 125 g Zucker, 2 Vanillezucker, 1 Likörglas
Cointreau, 6 Eier, 250 g Sahnequark, 4 EL gehackte
Mandeln, 4 EL gehacktes Zitronat, geriebener Kuchen als
Brösel

Butter mit Zucker und den Eigelb sehr kräftig schlagen.
Dann Mandeln, Zitronat und Quark mitrühren. Likör und
dann den mit dem Eiweiß geschlagenen Vanillezucker unterziehen. Springform gut buttern, mit Kuchenbröseln aus-
streuen, den Quark-Teig darin goldbraun backen.

Quark-Erdbeerroulade

3 Eier, 250 g Zucker, $^1/_2$ Zitrone, 1 Päckchen Vanillezucker,
1 Päckchen Gelatine, 125 g Mehl, 1 TL Backpulver, $^1/_4$ l Sahne,
250 g Erdbeeren, 2 EL geriebene Mandeln, 250 g Quark

Eiweiß mit etwas kaltem Wasser steif schlagen. 150 g
Zucker, Puderzucker, dann Eigelb, Mehl und Backpulver

darunterrühren. Auf ein mit Pergament ausgelegtes Backblech streichen und bei kräftiger Hitze ca. 15 Minuten
backen. Nach dem Backen sofort stürzen, Papier abziehen,
mit einem Tuch aufrollen und auskühlen lassen.

Für die *Füllung* den Quark mit dem restlichen Zucker und
dem Zitronensaft glattrühren. Gelatine nach Anweisung
einrühren, etwas steif werden lassen und dann die geschlagene Sahne unterziehen. Die in Scheiben geschnittenen
Erdbeeren und Mandeln vorsichtig unterheben.

Creme auf die Biskuitplatte streichen, wieder aufrollen, mit
Puderzucker bestreuen.

Quarkbrot

250 g Quark, 500 g Mehl, 60 g Margarine, 1 TL Salz,
2 Päckchen Backpulver, $1/8$ l Milch und noch etwas Milch
zum Bestreichen

Margarine mit dem Salz schaumig rühren und den durch
ein Sieb gedrückten Quark dazugeben. Nach und nach abwechselnd Milch und das mit Backpulver vermischte Mehl
unterrühren, zuletzt das Mehl in den sehr festen Teig ein-
kneten. In eine gut gefettete Kastenform füllen, der Länge
nach etwa $1^{1}/_{2}$ cm tief einschneiden, mit Milch bestreichen
und in der vorgeheizten Röhre bei Mittelhitze ca. 1 Stunde
backen.

Die Milch-Bar

Schönheit setzt Gesundheit voraus. Leider schaden große alkoholische Abendfreuden der Gesundheit. Wir brauchen aber trotzdem nicht auf den ›kleinen Drink‹ zu verzichten, wenn wir uns, wie die Amerikaner das schon lange und immer mehr tun, den Alkohol mit Milch, Sahne und Joghurt verlängern, mildern, ja, beinahe unschädlich machen, ohne seinem Wohlgeschmack zu schaden.

Spezialisieren Sie sich deshalb auf Milch-Cocktails – wir geben Ihnen hier genug Anregungen auch für aparte Männergetränke.

Hier noch die wichtigsten Bar-Regeln, nach denen Sie selbst köstliche Drinks erfinden können. Beinahe alle lassen sich sehr gut mit Milch und Milchprodukten kombinieren.

Aperitifs, im englischen *Appetizer*, sind Appetitanreger, Magenöffner. Mit Milch gemixt, füllen sie den Magen schon ein wenig, so daß der Appetit bleibt, aber schneller gestillt wird. Aperitifs schmecken oft bitter oder nach Anis. Es eignet sich aber jedes Mixgetränk dazu.

Cobbler sind die eigentlichen Sommergetränke. Hier sind Früchte oder Fruchtsäfte wichtiger als der Alkoholgehalt. Sie werden reichlich mit Früchten garniert.

Cocktail heißt eigentlich alles Gemixte. Sogar Salate mit vielen Zutaten, wie Sie wissen. Mixen Sie hier also nach Lust und Laune und Geschmack und geben Sie Ihrem Cocktail – hoffentlich ist es ein Milch-Cocktail! – einen klingenden Namen. Mit Sodawasser, Milch oder auch Sekt aufgegossen, werden sie zum *long drink*.

Crustas haben ihren Namen von dem typischen Zuckerrand, der Kruste. Man zieht den Glasrand durch eine Zitronenscheibe und dann durch groben Zucker. Das sieht sehr hübsch aus und schmeckt beim Trinken besonders würzig. Allerdings müssen Sie beim Eingießen vorsichtig zu Werke gehen, um die Kruste nicht zu zerstören. Nach den strengen Mixregeln bringt man Crustas nur bei Cocktails an, in denen Zitronen oder Orangen enthalten sind, doch dürfen Sie sie bei allen Fruchtsaftgetränken verwenden.

Egg noggs enthalten, wie schon der Name sagt, stets Eier. Auch *Flips* – sie können warm oder kalt serviert werden – sind ohne ein Ei undenkbar.

Nun: auf zur Milch-Bar! Feiern wir mit alkoholischen Milchgetränken – feiern wir uns schön!

Mit Milch gemixt

Südsee-Shake

3 Bananen, ¼ l Ananas-Saft, ¼ l Milch, 1 EL Honig, 1 Scheibe Kokosnuß, Eiswürfel, ¼ l Rum

Alles gut mixen.

Egg nogg Williams Christ

1 Banane, 1 Ei, ½ l Milch, 1 Päckchen Vanillezucker, 1 EL Johannisbeergelee, 3 Likörgläser Williams Christ-Schnaps

Mit Eiswürfeln gut mixen.

Tutti-Frutti-Cocktail

8 Aprikosen, 4 EL Honig, ¹/₂ l Milch, ¹/₄ l Kirschwasser,
4 EL Rumfrüchte

Obst, Honig, Milch und Kirschwasser im Mixer gut verrühren. In einer flachen Schale servieren, in jedes Glas 1 EL
Rumfrüchte geben.

Peking-Flip

¹/₂ l Milch, 3 EL Kandiszucker, 3 EL Tee, 3 Eigelb, 3 Likörgläser Rum

Milch mit Kandiszucker gut aufkochen, damit den Tee aufbrühen. 5 Minuten ziehen lassen, dann mit Eigelb und Rum
verquirlen. Kann kalt oder warm serviert werden.

Milchgrog

2 Eigelb, 6 TL Zucker, ¹/₄ l Milch, ¹/₈ l Arrak, ¹/₂ Päckchen
Vanillezucker

Eigelb mit Zucker schaumig rühren. Mit dem erhitzten
Arrak und der kochendheißen Milch unter ständigem Wei-
terrühren auffüllen. Noch sehr heiß servieren, mit Vanillezucker bestreuen.

Memeler Milch-Punsch

¹/₈ l Rum, ¹/₈ l Bärenfang, ¹/₄ l Milch, 1 Päckchen Vanillezucker, Zitronenschale

Unter ständigem Rühren im Wasserbad beinahe zum Kochen bringen. Heiß servieren. Reste schmecken eiskalt ausgezeichnet!

Schlafe, mein Prinzchen . . .

10 EL Rotwein, 10 EL Eierlikör, 10 EL Milch, 1 EL Honig

Im heißen Wasserbad gut verrühren und kurz vor dem Schlafengehen heiß trinken.

Eiergrog

1/8 l Eierlikör, 1/8 l hochprozentiger Rum, 1/8 l Milch, 2 EL Honig im heißen Wasserbad zusammen dick schlagen.

Milchpunsch

2 Eidotter, 3 TL Puderzucker, 2 Likörgläser Rum, 2 Likörgläser Cognac, 1/2 l sehr heiße Milch, etwas geriebene Muskatnuß, 1/2 Zitrone

Eidotter mit Zucker schaumig schlagen, Rum und Cognac dazurühren. Mit der heißen Milch auffüllen, mit geriebener Muskatnuß bestreuen. Zitronenscheiben an den Rand stecken.

Abendrot

4 EL Himbeersirup, 4 Likörgläser Cognac, 1/2 l Milch, 2 Eigelb, Eiswürfel

Himbeersirup, Eigelb, Milch und Cognac gut mixen, mit Eiswürfeln servieren.

Schock

1/8 l schwarzer Johannisbeersaft, 1/8 l frischgepreßter
Orangensaft, 1/4 l Milch, 1/8 l Whisky oder Cognac

So aufeinandergießen, daß möglichst die einzelnen bunten
Schichten zu erkennen sind.

Wiener Abend

1/8 l starker Mokka, 1/8 l Kirschwasser, 1/4 l Milch, 2 EL
Zucker

Gut mixen, je Portion mit einer Kugel Vanilleeis krönen.

Mokka-Flip

4 EL Nescafé, 1/2 l Milch, 2 EL Zucker, 4 Likörgläser
Cognac, 2 Eigelb, 2 EL Nesquick Schokoladenpulver,
Eiswürfel

Mitsamt den Eiswürfeln gut mixen.

Schwarzer Peter

1/4 l Milch, 1/8 l Kirschlikör, 1/8 l Whisky, 1/8 l Rum, 3 Eigelb, 1/8 l Mineralwasser, 1 Msp geriebene Muskatnuß,
1 Msp frischgeriebener schwarzer Pfeffer, 4 Oliven

Milch mit Kirschlikör, Whisky, Rum, Mineralwasser, Ei
und Eiswürfeln gut mixen. In Sektkelche füllen. Muskat
und schwarzen Pfeffer darüberstreuen. Mit einer Olive
garnieren.

Knickebein

Pro Portion 1 Likörglas Kirschlikör, 1 Likörglas mit Vanillezucker gut gesüßte Milch, 1 Likörglas Eierlikör

Schichtweise vorsichtig, damit es sich nicht vermischt, in
ein Sektglas füllen.

Kirschblüte

2 EL frische oder konservierte Sauerkirschen, 4 Likörgläser Kirschlikör, 2 EL Zitronensaft, 3 EL Zucker, $^1/_4$ l
Milch

Im Mixer gut mischen, mit Eiswürfeln servieren.

Cocktail Weserpromenade

$^1/_8$ l Nußlikör, $^1/_8$ l Whisky, $^1/_4$ l Milch, Eiswürfel

Gut mixen, mit Löffelbiskuits servieren.

Pfirsichmilch

2 Pfirsiche, $^1/_4$ l Milch, 2 Likörgläser Zitronensirup, 2 Likörgläser Cointreau

Mit Eis gut mixen, mit etwas geriebener Schokolade bestreut servieren.

Schöne Johanna

$^1/_8$ l Milch, $^1/_8$ l Orangensaft, $^1/_4$ l schwarzer Johannisbeer-
Likör, 1 Päckchen Vanillezucker gut mixen.

Egg nogg Jamaika

$^1/_8$ l Rum, $^1/_4$ l Milch, 2 EL Honig, 2 Eier, etwas geriebene
Muskatnuß

Rum, Milch, Honig und Eier mit Eis gut mixen, mit geriebener Muskatnuß bestreut servieren.

Stachelbeer-Cocktail

(4 Portionen)

250 g Stachelbeeren, $^3/_4$ l Milch, 1 Eigelb, 1 EL Bienenhonig, 6 EL Zucker, 3 Likörgläser Whisky, Eiswürfel

Stachelbeeren sehr weich kochen, durch ein Sieb streichen.
Mit Milch, Eigelb, Honig, Zucker und Whisky gut mixen,
mit Eiswürfeln servieren.

Mein Aperitif

1 Likörglas Tomatensaft, 1 Likörglas Orangensaft, 2 Likörgläser Irischer Whiskey, 1 Msp Meerrettich, 1 Msp
Worcestershiresauce, $^1/_4$ l Milch

Die Zutaten ohne die Milch mit Eiswürfeln mixen, dann
mit Milch auffüllen und sofort servieren.

Schlummer-Bier

$^1/_2$ l Starkbier, $^1/_2$ l Milch, 2 Eier, 2 EL Zucker

Im Wasserbad unter ständigem Rühren erhitzen, noch heiß
trinken. Hilft zu gutem Schlaf und gegen Erkältungen.

An der Joghurt-Bar

Puszta-Auster

Pro Person in ein Glas 1 TL Worcestershire-Sauce, 2–3 TL
Tomatenketchup, etwas Zitronensaft, 1 Spritzer Öl, 1 Gläschen Cognac, 3 EL Joghurt geben und mit scharfem Paprika
bestreuen.

Tomatencocktail

1/4 l Tomatensaft, 2 Likörgläser Tomatenketchup, Saft
von 1/2 Zitrone, 2 EL gehackte Petersilie, Salz, Paprikapulver, einige Tropfen Tabascosauce, 1/4 l Joghurt, 2 Likörgläser Gin

Alles gut mischen und mit Eiswürfeln servieren.

Gelbes Rübchen

1/8 l frischgepreßter Karottensaft, 1/8 l Orangensaft, 1/4 l
Joghurt, 1/8 l Mineralwasser, 1 EL brauner Zucker, Salz,
2 EL gehackter Schnittlauch, 2 Likörgläser Cognac

Cognac, Karottensaft, Orangensaft, Joghurt und Mineralwasser mit Zucker und Salz gut mixen. Mit Schnittlauch
bestreut in sehr kalten Limonadengläsern servieren.

Miß Welt

1/4 l Joghurt, 1/4 l Orangensaft, 1/4 l Gin, 2 EL Honig gut
mit Eiswürfeln mixen.

Mary Poppins-Drink

250 g Tomaten, 1 kleine Gurke, Scheiben von 1/2 Zitrone,
1/4 l Joghurt, 2 Likörgläser Gin, 100 g Krabben, Oliven,
1 EL gehackte Petersilie

Tomaten, Gurke und Zitrone im Mixer entsaften. Mit dem
Joghurt, dem Gin und Eiswürfeln gut mixen. In jedes Glas
ein paar Krabben und eine Olive geben. Das Getränk
daraufschütten, mit etwas gehackter Petersilie servieren.

Für Paul

1/4 l Whisky, 1/4 l Joghurt, Saft von 1 Zitrone, Ingwerpulver

In Gläsern mit Zuckerrand und Zitronenscheibe servieren.
Mit etwas Ingwerpulver bestreuen.

Cocktail Hongkong

1/4 l Joghurt, gleiche Menge Whisky, gleiche Menge
Wermut

Alles gut mixen, mit Eisstückchen servieren. Mit Ingwer
und Curry bestreuen, mit einem Häubchen Tomatenketchup krönen.

Kräutermix

1/4 l Joghurt, 2 TL Zitronensaft, Salz, Zucker, 2 EL gehackte frische Kräuter, etwas Tomatenpüree, 1/4 l Martini

Alles gut mixen, mit Eiswürfeln servieren.

Flip Baden-Baden

½ l Joghurt, 6 EL Zucker, 1 Päckchen Vanillezucker,
10 EL Cognac, 10 EL frische Brombeeren

Alle Zutaten in den Mixer geben. Für Gäste dann den Flip
durchsieben, damit die Kerne zurückbleiben. Wenn Sie
aber nur für sich und die Familie mixen, sollten Sie die
Kerne mittrinken – das ist gute Darmgymnastik.

Susannes Geheimnis

¼ l Joghurt, ¼ l Cherry Brandy, ¼ l Whisky, 2 EL
Honig, 4 Kugeln Vanilleeis

Alles schnell und gut mixen, mit Eiswürfeln servieren.

Buttermilch-Drinks

Blume von Hawaii

⅛ l Ananassaft, ⅛ l Whisky, ⅛ l Buttermilch, 2 Likörgläser Vanille-Likör, 4 EL Ananasstücke

Flüssigkeit gut mixen, sehr kalt stellen. Ananasstücke dazugeben und in Schalen servieren.

Himbeer-Eiscreme-Flip

4 EL Himbeersirup, 2 Eier, 4 Kugeln Vanilleeis, 4 Glas
Wodka, ½ l Buttermilch, 2 EL Honig

Mit viel Eiswürfeln gut mixen, evtl. mit Sodawasser auffüllen.

Gurken-Cocktail

1 Salatgurke, ca. $^1/_4$ l Buttermilch, ca. $^1/_4$ l Gin, etwas
Salz und Pfeffer, gehackter Dill

1 Salatgurke in den Entsafter geben. Saft mit ca. $^1/_4$ l Buttermilch (etwa die gleiche Menge wie Gurkensaft) und der gleichen Menge Gin vermischen, mit etwas Salz und Pfeffer würzen, mit gehacktem Dill bestreuen und mit Eiswürfeln servieren.

Peter Collins

Eiswürfel, Saft von 1 Zitrone und 1 Orange, $^1/_4$ l Buttermilch, $^1/_4$ l Sodawasser, $^1/_4$ l Schwarzwälder Kirschwasser,
Cocktailkirschen

In jedes Glas einige Eiswürfel geben. Zitronen- und Orangensaft, Buttermilch und Kirschwasser mixen, daraufschütten. Mit Sodawasser auffüllen, mit Cocktailkirschen garnieren.

Bommerchen

$^1/_4$ l Buttermilch, $^1/_4$ l Bommerlunder, 4 Likörgläser
Kirschlikör, 3 Eidotter, 2 EL Zucker, 1 Pr Muskatblüte

Eidotter gut schlagen. Kirschlikör, Bommerlunder und Zukker unterrühren. Mit Muskatblüte abschmecken. Auf dem Feuer langsam erhitzen und dabei ständig quirlen, bis die Masse cremig wird. Vom Feuer nehmen, Buttermilch unterrühren und kalt stellen.

Cocktail Margit

Saft von 2 großen Apfelsinen, 2 EL Zucker, 6 EL Gin, 6 EL Sherry, $^1/_4$ l Buttermilch gut mixen, sehr kühl servieren.

Crusta Carena

1 Orange, ¹/₈ l Curaçao, ¹/₄ l Buttermilch

Glasrand mit Orangensaft einreiben, in Zucker tauchen.
Orangensaft, Curaçao und Buttermilch mixen und vorsich-
tig eingießen. In jedes Glas eine dünne Orangenschalen-
Spirale hängen.

Orangenblüte

¹/₄ l Buttermilch, ¹/₄ l Orangensaft, 2 EL Orangenmarme-
lade, 4 Likörgläser Gin, 2 Eigelb

Gut mixen, mit Eiswürfeln servieren, mit Cocktailkirsche
garnieren.

Flip San Francisco

2 Eidotter, 2 EL Honig, 4 Likörgläser Rum, ¹/₈ l Buttermilch,
Saft einer Grapefruit, 2 Likörgläser Kirschlikör gut mixen,
mit Eis servieren.

Barby

¹/₄ l Buttermilch, ¹/₄ l Tomatensaft, 1 Glas Kümmellikör,
1 Likörglas klarer Schnaps, einige Kümmelkörner

Alle Flüssigkeiten mit etwas Eis mixen, mit Kümmelkör-
nern bestreut servieren.

Trauben-Leckerli

250 g Weintrauben, $^1/_4$ l Buttermilch, 2 EL Honig, 4 Likörgläser Whisky, Currypulver

Weintrauben durch den Entsafter geben, den Saft mit Buttermilch, Honig und Whisky gut mixen, evtl. nach Geschmack noch mit Sodawasser aufgießen. Mit Currypulver bestreut kalt servieren.

Shake Taka-Tuka

$^1/_8$ l Gin, $^1/_8$ l trockener Wermut, Saft einer Grapefruit, $^1/_4$ l Buttermilch, 2 EL Honig

Im Mixbecher alles mit Eiswürfeln kräftig schütteln und sofort servieren.

Buckingham-Cocktail

$^1/_8$ l süßer Wermut, $^1/_8$ l Buttermilch, $^1/_8$ l Campari, 3 EL Apfelsinensaft gut mit Eis mixen

In jedes Glas 1 Stück Würfelzucker und ein Stückchen Ananas legen, Buckingham-Cocktail daraufgießen.

Zum Schlemmen: Sahne-Mix-Getränke

Zärtliche Liebe

¹/₄ l Mokka-Likör, ¹/₄ l gesüßte Schlagsahne, 4 Rum-
kirschen

Mokkalikör ins Glas gießen, danach die gleiche Menge
Sahne. Mit einer Rumkirsche krönen.

Surabaia-Drink

¹/₈ l Sahne, ¹/₈ l sehr starken Mokka, ¹/₄ l Cognac, 1 EL
Zucker, 1 Päckchen Vanillezucker gut mit Eiswürfeln mixen.

Mokka-Sahne-Flip Annette

6 EL frischgemahlener Kaffee, ¹/₄ l Milch, 4 Likörgläser
Cognac, ¹/₄ l Sahne, 4 EL Zucker

Kaffee mit der kochenden Milch filtern, erkalten lassen.
Sahne mit Zucker steif schlagen, mit dem Cognac unter den
Milch-Mokka mischen. In flache Schalen geben und im
Kühlfach gefrieren lassen.

Kreml-Cocktail

¹/₈ l Wodka, ¹/₈ l Sahne, ¹/₄ l Sekt, 2 EL Honig mit Eis gut
mixen, mit Cocktail-Kirschen servieren.

Cocktail Robert Stolz

1/8 l starker Mokka, 1/8 l Curaçao, 1/8 l Cognac, 1/8 l geschlagene gesüßte Sahne, einige Sauerkirschen

Mokka mit Curaçao und Cognac und Eis gut mixen, die
Schlagsahne darunterheben und jede Portion mit einer
Sauerkirsche garnieren.

Alexander der Große

1 Tasse Sahne, 1 Tasse Kakaolikör, 1 Tasse Kirschwasser
mit Eiswürfeln mixen.

Lady Bird

1/8 l Sahne, 1/4 l Himbeergeist, 1/8 l Himbeersirup gut mixen
– das schmeckt besonders den Damen.

Porgy and Bess

Saft von 1 Orange, 1/4 l Sahne, 4 Likörgläser Bourbon
Whisky, 1 Likörglas Orangenlikör, 1 EL Puderzucker mit
Eiswürfeln mixen.

Birnen-Rahm

1/4 l Williams-Christ-Likör (oder Birnen-Schnaps), 2 EL
Honig, 1/4 l steifgeschlagene Sahne

Likör mit dem Honig abquirlen und unter die Sahne rühren.

Sahnebowle Geisha

1 kleine Dose Mandarinen, ¹/₄ l Sahne, 1 Flasche roter
Sekt, Schale von 1 Orange, 3 EL Zucker, 2 Likörgläser
Cognac

Mandarinen zerkleinern und in einem Gefäß mit Cognac
und mit Zucker bestreut gut durchziehen lassen. Vor dem
Servieren mit Sekt aufgießen. Auf jedes Glas kommt ein
ordentlicher Klecks gesüßte, geschlagene Sahne.

Pousse Café

– hat mit Kaffee nicht viel zu tun. Pousse Cafés sind Nasch-
Cocktails für Genießer, bei denen es darauf ankommt, die
einzelnen Zutaten möglichst unvermischt nacheinander ins
Glas zu geben, so daß im Glas dann eine bunte Skala aller
Ingredienzien erscheint. Am besten gelingt das, wenn Sie
die Zutaten über einen langstieligen Löffel vorsichtig nacheinander ins Glas gleiten lassen.

²/₃ Apricot Brandy — oder ²/₃ Crème de Cacao — oder
⁹/₃ Maraschino — ¹/₃ frische Sahne

Erst den Likör, dann die Sahne ins Glas geben.

Eigene Notizen

Eigene Notizen

Register, nach Sachgruppen geordnet

Alphabetisches Register

**Über alle bei Heyne erschienenen Kochbücher
informiert ausführlich das Heyne-Gesamtverzeichnis.
Sie erhalten es von Ihrer Buchhandlung
oder direkt vom Verlag.**

**Wilhelm Heyne Verlag, Postfach 20 12 04,
8000 München 2**